NOUVELLE MÉTHODE,

OU

PRINCIPES RAISONNÉS

DU PLEIN=CHANT,

DANS SA PERFECTION,

TIRÉS DES ÉLÉMENS DE LA MUSIQUE :

Contenant aussi une Méthode de Serpent, pour ceux qui en veulent jouer avec goût ; où l'on trouvera des Cartes pour apprendre à connoître le doiter, &c. On y trouvera aussi des Pieces de Basse, de Variations, & d'Accompagnement pour ledit Instrument.

Sans avoir recours à d'autres livres, les Maîtres trouveront dans ladite Méthode, toutes sortes de Pieces de Chant choisies, comme : Duo, Trio, Quatuor, Messes, Proses, Hymnes, Antiennes, Répons, & autres Pieces de Composition en parties, pour enseigner à leurs Éleves.

Par M. IMBERT, de Sens, Serpent de S. Benoît.

A PARIS,

Chez
- La Veuve BALLARD & Fils, Imprimeurs du Roi, rue des Mathurins ;
- BROCAS, Libraire, rue Saint-Jacques, au Chef Saint-Jean ;

Et chez l'Auteur, rue S. Jacques, à côté de la Veuve DUCHESNE ; il fait toutes sortes de Livres de Chant au Caractere.

M. DCC. LXXX.

Avec Approbation & Privilége du Roi.

AVERTISSEMENT.

JE ne prétends blâmer en aucune façon les excellentes Méthodes de Plein - Chant qu'on a données jusqu'ici : je pense seulement que celle que je présente au Public, peut être utile ; non-seulement, parce qu'elle fait connoître aisément le Ton & le Mode dans lequel on chante, mais encore, parce qu'elle n'embarrasse pas pour prendre le Ton dans une Piece de Chant, qui change fréquemment de clefs, de dièzes & de bémols.

J'ai divisé mon Ouvrage en deux Livres. Dans le premier, je traite des sons, des clefs, de leurs positions, des signes & des agrémens du Chant ; de la mesure, caracteres, valeurs & intonations ; dans tous les modes majeurs & mineurs, afin de connoître le mode & le ton dans lequel on chante ; les transpositions sur toutes les clefs, afin que le Maître & l'Ecolier ne perdent point de temps, qui est si précieux. Il y a aussi quelques leçons dans le bas & dans le haut des clefs, afin que l'Eleve n'ignore de rien.

J'ai reconnu, par expérience, que cette maniere d'apprendre le Plein-Chant, n'eſt pas plus difficile pour les commençans, que celle qui eſt d'uſage, & qu'il ne s'agit que de bien faire diſtinguer à l'Eleve le ton du ſemi-ton, pour qu'il devienne habile lecteur en peu de temps : il eſt ſur-tout néceſſaire de tenir long-temps l'Ecolier ſur l'intonation des Intervalles & ſur les Préludes, afin de lui former l'oreille, & de lui rendre toutes les intonations familieres.

Le ſecond Livre renferme une Méthode pour apprendre à jouer du Serpent.

Si je donnois dans le Charlataniſme, je dirois avec bien d'autres, qu'on peut jouer cet Inſtrument avec peu de leçons; comme le font les deux tiers des Serpents, tant de Paris, que de la Campagne : mais rejettant cette erreur, je ſoutiendrai avec force, que ſans ſavoir bien & parfaitement ſon chant, il eſt trèsimpossible de bien jouer cet Instrument; par le défaut de pouvoir chanter juste d'un ton à un autre.

Cet Instrument, dont l'utilité pour l'Office-Divin, le rend au-dessus de tous les autres, est établi pour soutenir les voix, les rendre justes, ne les pas dominer, rendre les sons égaux, ne pas faire raisonner plus un son qu'un autre, & soutenir l'égalité : car on est aujourd'hui dans la mauvaise habitude de faire égosiller les voix, & de faire crier les Instrumens en les faisant monter les uns & les autres plus haut que leur étendue naturelle ne le permet, & cela, afin de faire plus de bruit, sans considérer que le grand fracas ne fait pas l'agréable, & qu'il n'y a que la mélodie, la belle modulation, en un mot, le beau bruit qui aillent au cœur : car les trois-quarts des Serpens ne se croient savans qu'en faisant crier le *Re* & le *La*. Il semble qu'ils font sonner des planches ; cela est du plus ridicule & du plus affreux.

Si tous les Serpens alloient journellement consulter le sieur Lunet de

Notre-Dame, qui fait l'admiration dans le genre du Serpent, & entendre les Sieurs Gazet des Saints Innocens, Fournier de S. Germain, & quelques autres que je donne pour exemple, comme étant de grands Muſiciens, ils leur feroit facile, avec leurs leçons, de parvenir à jouer proprement, juſte & ſans variations : car jouer la note te'le qu'elle eſt, le chant eſt beaucoup plus beau, plus diſtinct que de le jouer avec des variations qui n'ont ſouvent aucune juſteſſe.

Cependant, dans cette méthode, je donne quelques pieces variées, d'après les avis que j'ai demandé à des ſavans de l'Art, toutefois pour des Eleves très-avancés.

Après ce que je viens de dire, on peut jouer cet Inſtrument en peu de temps, lorſqu'on en poſſede l'embouchure ; la ſeule difficulté eſt d'en jouer avec goût ; c'eſt pourquoi, il faut travailler à s'approprier cette perfection qui en fait tout le mérite.

Dès qu'on aura trouvé l'embouchure, il faut s'attacher à faire raifonner le *Re* naturel, qui fe fait en bouchant tous les trous, (comme on le verra dans le Tableau ci-après) en évitant les coups de levres & la quantité du vent ; on ne fera pas plutôt maître de ce fon, qu'on le deviendra de tous les autres. Il eft même bon de fe fervir de cette note, pour s'accorder foi-même en y réglant fes octaves.

Pour ce qui eft des coups de langue, il faut abfolument les donner fur chaque note en commençant, afin que, les rendant plus agiles & plus libres, on puiffe mieux articuler avec le temps, dans la vîteffe ou dans les paffages les plus fcabreux.

Il fera bon auffi d'apprendre les agrémens les plus ufités, comme cadences, port de voix, doubles cadences, & ceux qui feront favorifés de quelques difpofitions, & qui voudront s'affujettir à la pratique, trouveront, avec le fecours d'un bon Maître, à employer leurs difpofitions.

Tout ce que je pourrois dire de plus fur ce fujet, ferviroit à faire concevoir des difficultés qui ne font point;

ainfi , je renvoie ceux qui penchent du côté des longs verbiages, aux Auteurs qui ont parlé moins laconiquement que moi.

C'eft donc pour applanir les difficultés & aider ceux qui voudront chanter au naturel, (comme on auroit toujours dû faire) & ceux qui fe deftineront au Serpent, que j'ai entrepris cet Ouvrage.

Sans avoir recours à d'autres livres, les Maîtres trouveront, dans cette Méthode , toutes fortes de pieces de Chant ; comme Antiennes, Répons, Meffes , Profes, Hymnes & autres pieces de Compofitions en parties, pour enfeigner à leurs Eleves.

Voilà mon unique but, heureux fi je puis réuffir !

J'attends de l'indulgence des critiques, (favans fur-tout) de me faire part de leurs lumieres dans les fautes que j'aurai pu commettre dans cet Ouvrage , afin d'y remédier dans la réimpreffion : *Omnis homo mendax.* David, Pf. 115.

APPROBATION.

J'AI lu, par ordre de Monseigneur le Garde des Sceaux, un Livre intitulé : *Nouvelle Méthode, ou Principes raisonnés du Plein-Chant dans sa perfection, tirés des élémens de la Musique, avec une Méthode de Serpent, &c.* & je n'y ai rien trouvé qui puisse en empêcher l'impression. A Paris, ce   Août 1780.

Signé, DE SAUVIGNY.

PRIVILÉGE DU ROI.

LOUIS, par la grace de Dieu, Roi de France & de Navarre à nos amés & féaux Conseillers. les Gens tenans nos Cours de Parlement, Maîtres des Requêtes ordinaires de notre Hôtel, Grand-Conseil, Prevôt de Paris, Baillifs, Sénéchaux, leurs Lieutenans Civils & autres nos Justiciers qu'il appartiendra: SALUT. Notre amé le sieur IMBERT, Nous a fait exposer qu'il désireroit faire imprimer & donner au Public un Ouvrage ayant pour titre : *Nouvelle Méthode, ou Principes raisonnés du Plein-Chant dans sa perfection, tirés des élémens de la Musique, avec une Méthode de Serpent, &c.* S'il Nous plaisoit lui accorder nos Lettres de Permission pour ce nécessaires. A CES CAUSES, voulant favorablement traiter l'Exposant, Nous lui avons permis & permettons par ces présentes de faire imprimer ledit Ouvrage autant de fois que bon lui semblera, & de le faire vendre & débiter partout notre Royaume, pendant le tems de cinq années consécutives, à compter du jour de la date des Présentes. Faisons défenses à tous Imprimeurs, Libraires & autres personnes de quelque qualité & condition qu'elles soient, d'en introduire d'impression étrangere dans aucun lieu de notre obéissance. A LA CHARGE que ces présentes seront enregistrées tout au long sur le Registre de la Communauté des Imprimeurs & Libraires de Paris, dans trois mois de la date d'icelles; que l'impression dudit Ouvrage sera faite dans notre Royaume & non ailleurs, en bon papier & beaux caracteres; que l'Impétrant se conformera en tout aux Réglemens de la Librairie, & notamment à celui du 10 Avril 1725, & à l'Arrêt de notre Conseil du 30 Août 1777, à peine de déchéance de la présente permission : qu'avant de l'exposer en vente. le manuscrit qui aura servi de copie à l'impression dudit Ouvrage, sera remis dans le même état où l'approbation y aura été donnée, ès mains de notre très-cher & féal Chevalier Garde des Sceaux de France, le Sieur HUE DE MIROMENIL, qu'il en sera ensuite remis deux exemplaires dans notre Bibliotheque publique, un dans celle de notre Château du Louvre, & un dans celle de notre très-cher & féal Chevalier Chancelier de France le Sieur

DE MAUPEOU, & un dans celle dudit Sieur HUE DE MIROMENIL: le tout à peine de nullité des Préfentes: du contenu defquelles vous mandons & enjoignons de faire jouir ledit Expofant, & fes ayans-caufes pleinement & paifiblement, fans fouffrir qu'il leur foit fait aucun trouble ou empêchement. Voulons qu'à la copie des Préfentes, qui fera imprimée tout au long, au commencement ou à la fin dudit Ouvrage, foi foit ajoutée comme à l'original. Commandons au premier notre Huiffier ou Sergent fur ce requis, de faire pour l'exécution d'icelles, tous actes requis & néceffaires, fans demander autre permiffion, & nonobftant clameur de Haro, Charte Normande, & Lettres à ce contraires : Car tel eft notre plaifir. Donné à Paris, le treizième jour du mois de Septembre, l'an de grace mil fept quatre-vingt, & de notre Regne le feptieme. Par le Roi, en fon Confeil.

Signé, LE BEGUE.

Regiftré fur le Regiftre XXI de la Chambre Royale & Syndicale des Libraires & Imprimeurs de Paris, N . 2172, fol. 378 , conformément aux difpofitions énoncées dans la préfente permiffion: & à la charge de remettre à ladite Chambre les huit exemplaires preferits par l'Article CVIII du Régle-ment de 1723. A Paris , ce 18 Septembre 1780.

figné, LE CLERC, *Syndic.*

De l'Imprimerie de la Veuve BALLARD & Fils, Imprimeurs du Roi, rue des Mathurins.

NOUVELLE MÉTHODE
DE PLEIN-CHANT,
DANS SA PERFECTION.

CHAPITRE PREMIER.

*Comment s'apprend le Plein-Chant, & par
où il faut commencer à l'étudier.*

LE Plein-Chant s'apprend avec le fecours d'un Maître, qui enfeigne à fon Ecolier les noms, figures & différentes pofitions des Clefs, les figures, le nom, le fon,
& la valeur des Notes.

Les figures, en lui montrant avec le
bout du doigt, ou autrement.

Le nom, en les lui faifant nommer toutes,
& prononcer les unes avec les autres, fans
chanter.

A

Le fon, en les lui faifant en même-temps nommer & chanter ; d'abord par degrés conjoints ; enfuite, par degrés disjoints, avec toute l'attention & l'exactitude poffible, afin de pouvoir rectifier fcrupuleufement & rendre juftes les faux fons qu'il pourroit leur donner.

On appelle Notes jointes, ou à degrés conjoints, celles qui fe fuivent fans aucun intervalle, comme, *ut*, *re*, *mi*, *fa*, *fol*, *la*, *fi*, *ut*.

On appelle Notes disjointes, ou à degrés disjoints, celles qui font éloignées ; c'eft-à-dire, entre lefquelles il y a quelques vuides ou intervalles, comme *ut*, *mi*, *fol*, *fi* ; où l'on voit que le *re*, le *fa*, & le *la*, font fupprimés.

Nous avons dit qu'il falloit que le Maître apprît à fon Ecolier la valeur des Notes ; c'eft-à-dire, qu'il falloit lui faire diftinguer celle qui forme un ton, d'avec celle qui ne forme qu'un demi-ton ; ce que l'on n'étudiera jamais avec fruit dans les commencemens, qu'en la préfence du Maître qui les faffe chanter correctement.

Enfin, le Maître qui doit apprendre à son Ecolier à chanter la lettre, c'est-à-dire, à joindre au son des Notes les paroles que l'on chante ; ce qui se fait en substituant par chacune ou plusieurs desdites Notes, dont on quitte le nom, retenant seulement dans son idée le son de chaque syllabe des paroles que l'on chante, & qui se trouvent écrites au-dessous de ces Notes.

Toutes ces choses doivent se faire l'une après l'autre pour faire quelques progrès & travailler solidement : car il est absolument nécessaire de savoir le nom des Notes avant de les chanter, & de les chanter parfaitement & en connoître toute la valeur, avant d'y joindre les paroles en la maniere que nous venons de le montrer ; à moins que de vouloir perpétuellement faire un double & triple effort d'attention & d'imagination, pour trouver tout-à-la fois le nom, le son, & la valeur d'une Note, & y faire en même-temps l'application des paroles ; ce qui ne produiroit jamais qu'une routine affreuse & une confusion pitoyable dans le chant.

Pour apprendre donc le Plein-Chant, on

commence par la Gamme. Ce mot, fuivant les apparences, vient de ce qu'au commencement & avant l'invention de fept fyllabes dont nous nous fervons aujourd'hui pour exprimer les fept Notes ou fons confécutifs du Plein-Chant, après les avoir indiqués par les fept premieres lettres de l'Alphabet, *A*, *B*, *C*, *D*, *E*, *F*, *G*, en montant, lorfqu'on les redoubloit en defcendant, on les figuroit par caracteres Grecs; ce qui faifoit que le γ Gamma ou *g* Grec fe trouvoit tout au haut de la feuille, & par ce moyen, la Gamme donna le nom à tout ce qui étoit au-deffous.

Quoi qu'il en foit, la Gamme eft comme l'échelle où fe pofent toutes les Notes, tant fur les quatre lignes que dans les efpaces. Nous difons quatre lignes, parce que l'on en emploie pas davantage dans le Plein-Chant : à la différence de la Mufique où il y en a cinq; la raifon eft que dans la Mufique, les voix montent plus haut & defcendent plus bas; & qu'au Plein-Chant elles n'excedent prefque point l'octave; encore eft-il très-rare que le Plein-Chant ait cet étendu.

'Au refte, quand il arrive que par ha-
fard quelques Notes montent plus haut ou
defcend plus bas que l'étendue ordinaire de
ces quatre lignes, on y ajoute un réglet
par tout où il en eft befoin, tant en haut
qu'en bas.

Voyez les exemples ci-deffous.

Echelle ordinaire de la | Echelle de la Gamme
Gamme du Plein-Chant. | avec un réglet en haut
                       | & en bas.

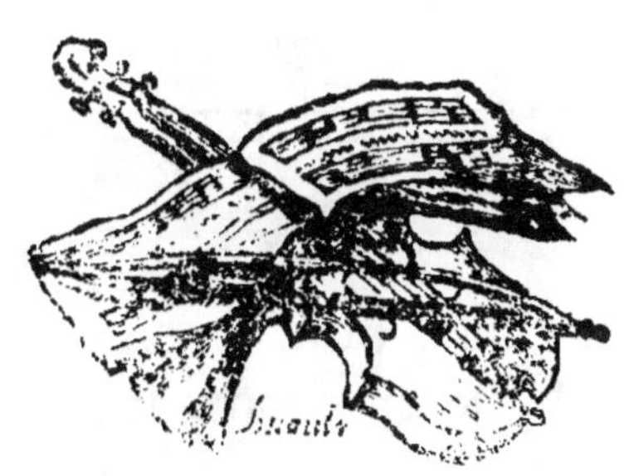

'A iij

CHAPITRE II.

Du Nombre, des Figures & différentes Positions des Clefs du Plein-Chant.

IL y a deux clefs au Plein-Chant ; favoir, la clef d'Ut & la clef de Fa, lefquelles fe pofent toujours au commencement de l'é-chelle fur l'une des quatre lignes ou regles, & jamais dans les efpaces.

La clef d'Ut fe pofe fur les quatre lignes en commençant par en bas, & l'on dit Ut fur la ligne où eft pofé la clef.

Figure de la clef d'Ut & fes pofitions.

La clef de Fa fe pofe fur la troifieme & la quatrieme ligne en montant, & l'on dit Fa fur la ligne où eft pofée la clef.

*Différentes Figures de la Clef de Fa &
ses positions.*

Fa, Fa,   Fa, Fa,   Fa, Fa.

Ainsi, quand une piece a de l'étendue
en haut ou en bas, si c'est en haut, l'on pose
la clef plus bas ; si au contraire c'est en
bas, on pose la clef plus haut : à quoi chacun doit faire une grande attention pour ne
se pas époumoner & fatiguer trop la poi-
trine en entonnant quelques pieces de chant
plus haut ou plus bas que la portée des voix
naturelles, qu'il se faut bien garder de forcer
en voulant la rendre plus grosse ou plus
claire ; car pour chanter, non-seulement avec
justesse & avec mesure, mais encore avec
quelques sortes d'agrémens, il faut éviter
toute sorte d'affectation & de contrainte,
principalement cette torture choquante &
risible que semble donner à leurs corps ceux
qui marquent quelques Notes d'un coup de
tête en la levant ou baissant, suivant que
les Notes haussent ou baissent, qui font

A iv

des contorſions & des mouvemens extraor-
dinaires des levres, de la langue & du go-
fier, étant difficile de quitter les mauvaiſes
habitudes dès qu'on les a contraĉtées. On
doit auſſi prendre garde à ne ſe pas piquer
de ſe faire entendre plus que les autres, à
ne point pouſſer ſa voix en des endroits
plus qu'en d'autres, à ne la point précipi-
ter, à ne la pas étouffer faute d'ouvrir aſſez
la bouche, & à éviter tout ce qui peut nuire
à une bonne prononciation, comme ſont
les coups de goſier & les aſpirations.

CHAPITRE III.

Du nombre & des différentes figures & efpeces des Notes.

IL y a dans le Plein-Chant, comme dans la Mufique, fept Notes ou fons différens & principaux, dont tous les autres plus haut ou plus bas, ne font que des repliques.

Voyez-en les noms & l'ordre ci-deffous.

Noms & ordres des fept Syllabes ou Notes de la Gamme du Plein-Chant, tant en montant qu'en defcendant.	Les fept Syllabes ou noms des fept Notes de la Gamme, avec l'Ut doublé, tant en montant qu'en defcendant.
En montant — *Ut, re, mi, fa, sol, la, fi.* — En defcendant	En montant — *Ut, re, mi, fa, sol, la, fi, ut.* — En defcendant

Ces fept Notes fe pofent fur & entre

A v

les quatre lignes de l'échelle de la Gamme, & se recommencent & répetent toujours à l'infini, tant en montant qu'en descendant.

Entre ces Notes, les unes forment des secondes majeures, ou pour parler plus clairement, des tons pleins, au nombre de cinq; & les autres ne font que des secondes mineures ou demi-tons, au nombre de deux; ce qui forme en tout sept tons.

Les Notes qui forment les tons pleins; font, *ut*, *re*, *fa*, *sol*, *la*.

Les Notes qui forment des demi-tons, font, *si*, *mi*, qui doivent toujours se chanter avec un petit tremblement ou cadence.

Il y a dans le Plein-Chant cinq sortes de Notes, une double, une longue, une demi-longue, une quarrée & une breve.

Ces Notes breves ne doivent se trouver que sur des Syllabes absolument breves de prononciation; & n'ont que la moitié de la valeur des quarrés, enforte qu'il faut couler promptement sur les breves & n'appuyer que sur les quarrées.

Exemples & figures des Notes.

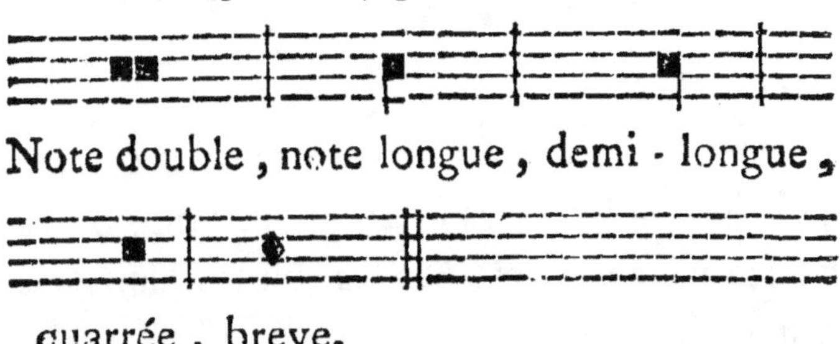

Note double , note longue , demi - longue ,

quarrée , breve.

Gamme rendue aisée par une colonne des Syllabes ou nom des Notes, pour guider & remettre les commençans, tant en montant qu'en descendant.

Ut re mi fa sol la si ut, Ut si la

sol fa mi re ut.

Exemple de la même Gamme pour la clef de *Fa*, où l'on trouvera un réglet en bas, parce qu'il se trouve deux Notes à placer au-delà des quatre lignes de l'échelle

Fa sol la si ut re mi fa, Fa mi

A vj

re ut ſi la ſol fa.

'Après s'être ſuffiſamment appliqué à ſavoir le nombre, les figures, les noms & les poſitions des Clefs & des Notes dans les différens exemples ſimples & intelligibles que je viens d'en donner, on pourra paſſer aux Gammes ſuivantes & ordinaires, qui ne ſont différentes des précédentes, que parce que les Notes ne ſont point accompagnées de leurs Syllabes ou noms, dont il faut commencer à ſavoir ſe paſſer.

Gamme ordinaire pour la clef d'Ut.

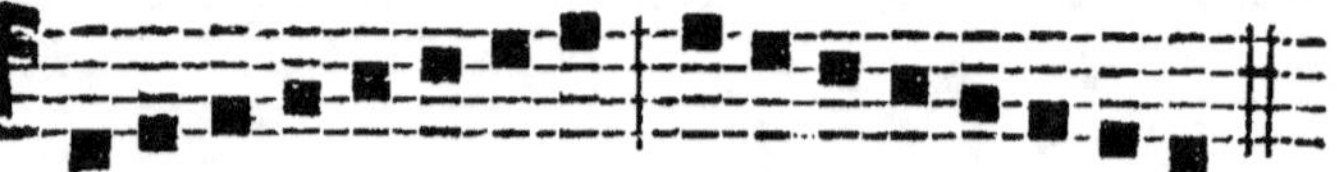

Gamme ordinaire de la clef de Fa.

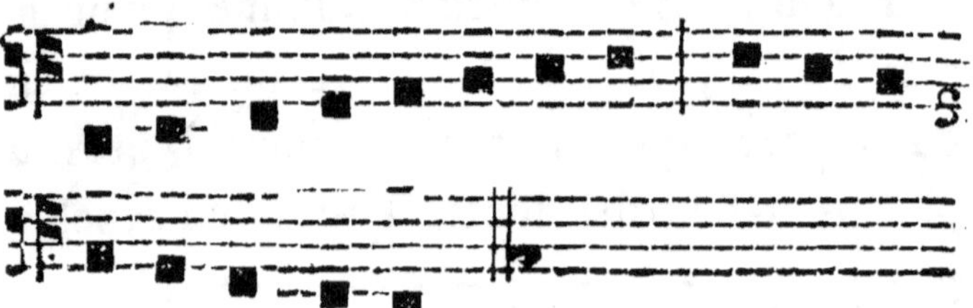

CHAPITRE IV.

Il eſt bon de prendre ici connoiſſance de l'uſage des différentes figures :
Comme des ligatures ou liaiſons, des dominantes, breves, du bémol, du bécarre, & du dièſe, & autres figures ou caraȼteres qui ſe rencontrent dans le Plein-Chant.

QUANT aux demi-Notes breves, elles n'ont que la moitié des grandes Notes breves ; d'où il s'enſuit, qu'il faut couler avec une extrême vîteſſe ſur les ſortes de demi-Notes, & ſe ſouvenir que des deux Notes entre leſquelles ces demi-Notes ſe trouvent placées, la premiere augmente en valeur, & la derniere diminue, *C, A, D,* qu'il faut beaucoup plus appuyer ſur la Note qui eſt avant la demi-Note que ſur celle qui eſt après.

Pour ce qui eſt du T ou de la petite Croix ou Etoile, quand on les rencontrent l'une ou l'autre placée ſur quelques notes, cela avertit de faire un tremblement ou cadence.

Figure des ligatures ou liaisons.

Figures des demies-notes breves, parmi les grandes notes breves.

Figure des tremblemens ou cadences qu'il faut faire sur certaines notes.

Figure du bémol.

Quand il arrive que l'on rencontre sur le degré du *si* un bémol, cela avertit que le premier *si* suivant est changé en *fa*, lequel est appellé *fa* feint ; parce qu'en feignant un peu, on la baisse d'un demi-ton, soit en montant, soit en descendant ; en sorte qu'au lieu de dire *la si*, il faut dire la *za*, fur ce degré, & ne monter qu'un demi-ton, comme de *mi* à *fa*, & de *fi* à *ut*, fans rien changer pour cela des notes fuivantes, tant en montant qu'en defcendant.

Il y a deux fortes de bémols, l'un actuel, & l'autre accidentel.

Le bémol actuel eft celui qui fe trouve placé au commencement de la ligne tout auprès de la clef ; ce qui avertit que toutes les notes qui fe trouvent vis-à-vis du bémol fe changent en *za*.

Le bémol accidentel eft celui qui eft placé au milieu de la ligne à l'occafion d'une ou deux notes qui demandent à être adoucie ; en forte qu'il ne fert que pour le mot feulement : mais fi le bémol fe rencontre au milieu d'une ligne, & que les fuivantes foient marquées d'un bémol au commencement de la ligne, tout joignant la clef, cela avertit de changer tout le refte de la précédente ligne par bémol.

Que fi au contraire (comme on voit dans quelques livres ou chants particuliers) le bémol fe rencontre au commencement d'une ligne, tant joignant la clef, & qu'au milieu de cette méme ligne il fe trouve deux barres perpendiculaires ou de travers, & que les lignes fuivantes foient fans bémols au commencement, cela avertit de quitter le bémol à ces deux lignes perpendiculaires ou de travers.

Quand le bémol fe rencontre ailleurs qu'immédiatement au deſſous de la clef d'*ut*, alors, foit qu'il foit placé dans les efpaces, foit qu'il fe trouve fur quelques lignes, cela avertit que la note fuivante ne doit fonner qu'un demi-ton.

Le bémol a quelque chofe de trifte ; c'eft pourquoi on le fait entrer dans les pieces lugubres.

En fuivant exactement ce que nous venons de dire touchant le bémol, jamais l'on ne fléchira dans fon chant ; & quand il arrivera qu'on y manque, on fe remettra auſſi-tòt avec facilité. L'on ne voit jamais, ou du moins très-rarement, de la clef de *fa* par bémol.

Figure du Bécarre.

Le bécarre, quand il se rencontre, sert à rendre le chant rude & perçant, faisant sonner le *mi* & le *si* dans toute leur force; & pour donner sur cela une regle générale, l'on doit tenir pour constant, que toute piece de Plein-Chant où l'on n'apperçoit point de bémols, se chante par bécarre; c'est-à-dire, que toutes les notes sont chantées pour lors dans leur ton naturel & ordinaire, sans qu'il soit besoin d'en être averti par aucun bécarre, dont la figure se marque très-rarement, ou tout au plus au milieu, ou vers le milieu de la ligne, pour faire changer le chant du bémol en bécarre, encore cela n'arrive-t-il jamais dans le chant bien réglé.

En quelqu'endroit que le bécarre soit placé, soit dans les espaces, soit dans les lignes, il avertit que le *mi* & le *si*, qui jusques-là ont été chantés en bémol, doivent hausser d'un demi-ton; c'est-à-dire, reprendre leurs tons pleins; & pour répéter encore une fois ce que nous venons déja de dire en termes équivalens, dans les pieces de Chant qui se chantent entieres par bémol, le bécarre avertit d'interrompre

l'ufage du bémol , jufqu'à ce qu'il s'en rencontre un nouveau.

J'avertis ici ceux qui étudieront le Plein-
Chant , qu'ils feront bien de commencer
par les pieces qui fe chantent en bécarre,
comme les plus aifées , après quoi ils ap-
prendront facilement le Chant par bémol ;
car il ne faut que remarquer le figne du
bémol qui fe pofe toujours fur le degré
du *fi* , proche de la clef pour dire *ζa* fur
ce degré ; & de-là procéder aux autres notes à l'ordinaire ; c'eft-à-dire , fans rien changer pour cela des notes fuivantes , tant en
montant qu'en defcendant , comme nous l'a-
vons déja dit.

Figure du Diéfe.

Le dièfe vient d'un mot Grec , qui fignifie
paffer ou couler quelque chofe à l'étamine ;
il fe prend ici pour un grand adouciffement,
& pour la plus grande délicateffe de voix
qu'il foit poffible de feindre ; en forte que
l'effet du dièfe eft d'empêcher de chanter
d'un ton plein la note qui le fuit ; auffi-bien

que celle qui eſt au-deſſus ou au-deſſous
de laquelle il eſt marqué ; mais de la faire
adoucir en la chantant, comme ſi elle ne
formoit qu'un demi-ton ; parce que le dièſe
éleve la note d'un demi ton ; ce qui ſe pratique fort bien en montant, mais non pas
en deſcendant.

Figure du Guidon.

Le guide ou guidon eſt un certain petit
caractere, lequel étant poſé à la fin des
lignes, montre le lieu & le degré où doit
être ſituée la premiere note de la ligne ſui-
vante.

Les ſavans dans l'Art de chanter, ſont
bien plus attentifs à obſerver la clef, plus
certaine que les guides qui ſont le plus ſouvent mal placés.

En effet, il ne faut pas plus de temps à
regarder la clef qui eſt au commencement
de la ligne, & on évite encore cet autre
inconvénient, qui eſt que ſouvent on ſe
contente de regarder le guide de la ligne

précédente, fans regarder la clef de celle qu'on chante ; en forte qu'étant au milieu de la ligne, on ne fait que la note que l'on chante ; ce qui fait manquer beaucoup de perfonnes.

Figure des Etoiles qui fe trouvent au milieu des Répons.

L'Etoile marquée au milieu des Répons, montre la reprife de l'endroit où le Chœur doit les reprendre ; & quand il s'en trouve deux, la premiere indique la reprife d'après le verfet ; & la feconde, marque la reprife d'après le *Gloria Patri.*

Figure des barres ou lignes perpendiculaires.

Les barres ou lignes perpendiculaires ou de travers, grandes & petites, que l'on rencontre fur les lignes ou regles du Plein-

Chant, font inſtituées pour avertir de prendre haleine, & ſe repoſer tous enſemble ; avec cette diſtinction, cependant, que les grandes *C, A, D*, celles qui outrepaſſent ou traverſent toute la portée, ou échelle de quatre lignes, ou regles du Plein-Chant, marquent un plus grand repos que les petites, qui ne traverſent pas les lignes. On met donc dans les livres bien réglés des barres à toutes les virgules & au ſens des paroles ; & quand le ſens des paroles eſt très-long, on en met encore à quelques ſens de la modulation du Chant : en quoi il y a deux extrémités à éviter ; l'une, d'en répandre confuſément ſur chaque ligne ; l'autre, de n'en point mettre du tout. Les livres de la premiere eſpece ſont auſſi défectueux que ceux de la ſeconde, parce que ne ſachant où ſe repoſer, & les uns prenant haleine à un endroit, les autres à un autre ; cela cauſe des diſputes ſcandaleuſes, d'où naiſſent des contre-temps & des cacophonies inſupportables. C'eſt pourquoi il n'y a que les Compoſiteurs les plus experts, & les premiers Maîtres dans l'Art, capables d'employer les barres & de les diſtribuer à propos.

On remarquera ici que l'intonation de toutes & chacune des parties de l'Office Divin, comme Antiennes, Répons, Hymnes, Cantiques, Introïtes, &c. s'étend juſqu'à la premiere grande barre ou pauſe, & que cette même grande barre eſt auſſi marquée dans tous les endroits où le Chœur doit reprendre la fin de chaque partie de l'Office, comme des Verſets, des Graduels, Alleluia, &c.

CHAPITRE V.

Des Tons & demi-Tons.

Nous avons dit ci-deſſus, qu'entre les ſept notes, ou ſons différens & principaux qui compoſent la Gamme, les unes forment des ſecondes majeures ; les autres des ſecondes mineures, ou pour mieux parler, des Tons & des demi-Tons ; car c'eſt ainſi que l'on s'explique aujourd'hui, non pas par le terme de ſecondes.

Diſons donc qu'il y a dans le Plein-Chant des Tons & demi-Tons ; c'eſt ce qu'il faut bien ſavoir & comprendre. ·

Cette différence du Ton & demi-Ton, n'a à la vérité aucune marque extérieure & viſible ; mais elle n'en eſt pas moins vraie, auſſi-bien que la Tierce dont nous remettons à parler ci-après : car, par exemple, *ut* n'eſt pas plus éloigné du *re*, que le *mi* du *fa*, ni le *ſol* du *la*, que le *ſi* de l'*ut* ; cependant de l'*ut* au *re*, il y a un ton auſſi-bien que du *sol* au *la* ; mais il n'y a qu'un demi Ton du *mi* au *fa*, & du *si* à l'*ut*.

Au reste, pour faciliter la connoissance des Tons & demi-Tons, il n'y a qu'à bien retenir qu'entre toutes les notes de l'Octave, il y a toujours un Ton, excepté deux endroits, qui sont de *mi* à *fa*, & de *si* à *ut*, où il n'y a qu'un demi-Ton ; *C*, *A*, *D*, pour le rabattre encore une fois en peu de mots, qu'il y a pareille distance ou chemin de monter de l'*ut* au *re*, que de descendre du *re* à l'*ut*, à monter du *re* au *mi*, qu'à descendre du *mi* au *re* ; mais en montant du *mi* au *fa*, ou du *si* à l'*ut*, il faut un peu feindre ; parce qu'il n'y a qu'une petite distance, laquelle est de même en descendant de l'*ut* au *si* & du *fa* au *mi* ; ce que chacun peut se rendre extrémement sensible & intelligible par les exemples d'un pas, d'un pied ou d'un pouce ; conséquemment, il ne faudroit entendre par le terme du demi-ton, qu'un demi-pas, un demi-pied ou un demi-pouce.

Ceci étant une fois bien entendu, on n'aura pas de peine à concevoir, que dans
l'étendue

l'étendue d'une octave, comme de l'*ut* d'en bas à l'*ut* d'en haut, il y a cinq tons & deux demi-tons, dont nous nous assurerons mieux en les comptant tous l'un après l'autre.

Ainsi il y a en montant :

De l'*ut* au *re*, un ton.

Du *re* au *mi*, un ton.

Du *mi* au *fa*, un demi-ton.

Du *fa* au *sol*, un ton.

Du *sol* au *la*, un ton.

Du *la* au *si*, un ton.

Du *si* à l'*ut*, un demi-ton.

Par la même raison, il y a en descendant :

De l'*ut* au *si*, un demi-ton.

Du *si* au *la*, un ton.

Du *la* au *sol*, un ton.

Du *sol* au *fa*, un ton.

Du *fa* au *mi*, un demi-ton.

Du *mi* au *re*, un ton.

Du *re* à l'*ut*, un ton.

L'on voit par ces exemples, que comme on l'a déja dit plus haut, il y a un ton dans toutes les espaces d'une octave, excepté du *mi* au *fa*, & du *si* à l'*ut*, où il n'y a qu'un

B

demi-ton. L'on voit auſſi, ſans qu'il ſoit beſoin de le dire, qu'il n'y a pas davantage
de *fa* à *mi*, & de *ut* à *ſi* en deſcendant,
puiſque dans une ligne ou réglet l'eſpace eſt
égal entre les deux extrêmités de quelques
côtés que l'on commence.

CHAPITRE VI.

Des six intervalles du Plein-Chant, &
principalement de la Tierce-majeure &
mineure.

IL y a dans le Plein-Chant six intervalles;
savoir : la Tierce, la Quarte, la Quinte,
la Sixieme, la Septieme & l'Octave; les
trois dernieres sont très-peu en usage & se
trouvent rarement, de sorte qu'il n'y a que
les trois premiers, la Tierce, la Quarte &
la Quinte, qui sont plus usités dans le Plein-
Chant. Une piece, par exemple, commen-
cera quelquefois par une Quinte, ensuite
une Tierce, une Seconde, une Quarte,
une Sixieme, &c. comme il est aisé de le
remarquer dans les Livres.

La crainte que les termes de Tierces, de
Quartes, Quintes, &c. n'embarrassent ou
ne rebutent même entiérement les Commençans, si je ne leur explique plus nette-
ment pour leur faire connoître & distinguer

fans peine à toutes occafions, me fait croire qu'il eft à propos d'entrer fur cela dans le plus grand détail, en remarquant ici qu'on reconnoît ces Tierces, Quartes, Quintes, &c. par les degrés qu'elles occupent & contiennent. La Tierce, par exemple, en occupe trois ; favoir, *ut, mi,* & *re : la,* fuppofées entre deux Quarte en occupe quatre ; favoir, *ut, fa* & *re, mi,* fuppofées entre les deux éloignées : la Quinte en contient cinq ; favoir, *ut, fol, re, mi, fa,* fuppofées entre les deux extrêmes : la Sixieme en contient fix ; favoir, *ut, la* & *re, mi, fa, fol,* fuppofées entre deux : la Septieme en occupe fept ; favoir, *ut, fi,* & *re, mi, fa, fol, la,* qui peuvent être fituées entre : l'Octave en occupe huit ; favoir, l'*ut* d'en bas & l'*ut* d'en haut, avec *re, mi, fa, fol, la, fi,* entre les deux. Quand les plus grands intervalles, comme de Quartes ou de Quintes, paroiffent difficiles à faire tout d'un coup, fur-tout au commençans, il faut dire & prononcer avec les deux notes extrêmes, c'eft-à-dire, la premiere & la derniere, toutes celles qui font fuppofées entr'elles ; puis retenant dans son idée les sons de ces deux notes extrêmes, les reprendre tout d'un coup & prononcer aussi-tôt seules ; par exemple, s'il y a une Quinte en montant comme du *re* au *la*, il faut dire *re*, *mi*, *fa*, *sol*, *la*, & aussi-tôt prononcer *re*, *la*, ce qui s'appelle solfier.

Il faut avouer que la Sixieme, comme nous avons dit n'être guere en usage, n'est pas aisée à faire dans le chant : il faut donc prononcer les notes qui sont entre les deux extrêmes, & faire ensuite cette Sixieme, qui, à la vérité est difficile, quand on la présente toute seule, mais qui devient très-aisée dans la suite d'une piece, parce que le Chant y porte naturellement.

Venons aux Tierces, & disons que comme il y a deux sortes de Secondes, l'une Majeure, ou ton, & l'autre Mineure, ou demi-ton, ainsi il y a deux sortes de Tierces, dont l'une est Majeure & l'autre Mineure, à la différence de la Quarte, de la Quinte & de l'Octave, qui sont toujours égales.

B iij

Le Tierce Majeure contient deux tons.

La Tierce Mineure ne contient qu'un ton & demi dans l'étendue d'une Octave d'*ut* d'en bas à *ut* d'en haut : il y a trois Tierces Majeures & trois Mineures ; par exemple, il y a un montant :

De l'*ut* au *mi*, une Tierce Majeure.
Du *re* au *fa*, une Tierce Mineure.
Du *mi* au *fol*, une Tierce Mineure.
Du *fa* au *la*, une Tierce Majeure.
Du *fol* au *fi*, une Tierce Majeure.
Du *la* à l'*ut*, une Tierce Mineure.

Par la même raifon, dans l'étendue d'une Octave d'*ut* d'en haut, jufqu'à *ut* d'en-bas ; il y a trois Tierces Majeures & trois Mineures.

Par exemple, il y a en defcendant :

De l'*ut* au *la*, une Tierce Mineure.
Du *fi* au *fol*, une Tierce Majeure.
Du *la* au *fa*, une Tierce Majeure.
Du *fol* au *mi*, une Tierce Mineure.
Du *fa* au *re*, une Tierce Mineure.
Du *mi* à l'*ut*, une Tierce Majeure ;

Dans l'étendue d'une Octave du *re* d'en bas, jusqu'au *re* d'en haut, il y a quatre Tierces Mineures & deux Majeures.

Par exemple, il y a en montant:

Du *re* au *fa*, une Tierce Mineure.

Du *mi* au *sol*, une Tierce mineure.

Du *fa* au *la*, une Tierce Majeure.

Du *sol* au *si*, une Tierce Majeure.

Du *la* à l'*ut*, une Tierce Mineure.

Du *si* au *re*, une Tierce Mineure.

Par la même raison dans l'étendue d'une Octave du *re* d'en haut, jusqu'au *re* d'en bas, il y a quatre Tierces Mineures, & deux Majeures.

Par exemple, il y a en descendant:

Du *re* au *si*, une Tierce Mineure.

De l'*ut* au *la*, une Tierce Mineure.

Du *si* au *sol*, une Tierce Majeure.

Du *la* au *fa*, une Tierce Majeure.

Du *sol* au *mi*, une Tierce Mineure.

Du *fa* au *re*, une Tierce mineure.

Il est à remarquer qu'il y a deux manieres de chanter, l'une par Tierce Mineure, & l'autre par Tierce Majeure. Toutes les pieces de Plein-Chant fe réduifent-là ; les Compofiteurs s'en fervent à leur choix, felon leur génie & conformément à la lettre qui infpire de la joie ou de la trifteffe. Si l'on a dit plus haut qu'il faifoit bien concevoir la différence d'un ton & d'un demi-ton ; il eft encore d'une plus grande conféquence de favoir bien diftinguer les Tierces Majeures d'avec les Mineures, pour ne point s'y tromper ; & il eft conftant que le défaut de cette connoiffance eft la fource la plus ordinaire des confufions qui arrivent dans un Chœur.

En un mot, pour favoir bien le Plein-Chant, il faut pouvoir dire fur le champ & fans héfiter. De cette note à celle-ci, il y a un ton ou un demi-ton ; de celle-ci à celle-là, il y a une Tierce Majeure ou Mineure : ici eft une Quarte, ou une Quinte, le tout fans y faire qu'une légere attention.

CHAPITRE VII.

Des Tons des Pseaumes & des pieces du Chant, Introïtes, Offertoires, Communions, Antiennes, Répons, &c.

IL faut observer que comme il y a huit Tons différens pour chanter les Pseaumes, de même aussi toutes les pieces du Plein-Chant; comme Introïtes, Offertoires, Communions, Antiennes, Répons, &c. sont d'un certain ton, comme il est marqué dans les Livres nouveaux, où l'on voit un chiffre au commencement de chaque piece, pour donner à entendre de quel ton elle est. Ceux qui savent le fonds du Chant, n'ont pas besoin de ce chiffre pour se régler; car quand on est une fois instruits que tous les tons ont leur finale, leur médiante & leur dominante, pour connoître aisément de quel ton est une piece de Chant, telle qu'elle puisse être, il n'est question que de regarder la dominante & la finale.

B v.

Ce que l'on appelle finale, eſt la note qui finit la piece.

La médiante eſt une note qui ſe remarque entre la finale & la dominante. Cette note médiante eſt ſi palpable dans le *fa* du premier & dans le *la* du cinquieme Ton, qu'il n'eſt pas beſoin d'en dire davantage pour apprendre à la connoître, afin de s'arrêter plus utilement aux deux notes eſſentielles, *C*, *A*, *D*, à la finale que nous venons de définir, & à la dominante : cette *dominante* eſt de toutes les notes de la piece celle qui y étant le plus ſouvent répétée, ſemble dominer & commander toute la piece, & non pas la plus haute, comme on pourroit ſe le figurer; c'eſt ce qu'il faut bien remarquer.

Il eſt aiſé de la connoître dans le chant des Pſeaumes, où les voix ſe font bien plus entendre ſur cette note dominante, que ſur tout le reſte : par exemple, lorſqu'on chante un Pſeaume du premier Ton, le *la* qui eſt une quinte plus haute, que la finale eſt la note qui domine le plus dans les voix, il en eſt de même des autres tons ou les dominantes ſe font ſentir davantage.

Si par hasard il se rencontre quelques pieces de Chant hétéroclites, dont l'on ait peine à juger de leur véritable ton ; en ce cas, outre l'observation de la finale & de la dominante, il faut aussi prendre garde à la différence des clefs, & à leurs différentes positions ; c'est le seul moyen, non-seulement de ne se point tromper, mais encore de trouver toujours aisément & au juste le ton que l'on cherche.

Il y a autant de finales & de dominantes que de tons.

Il y a huit tons, ainsi il y a huit dominantes & huit finales ; la finale du premier est le *re*, & la dominante est le *la* à la quinte de la finale.

La finale du deuxieme ton est aussi un *re*, & la dominante est *fa* à la tierce mineure de la finale.

La finale du troisieme ton est un *mi*, & la dominante est l'*ut*, une sixieme plus haut.

La finale du quatrieme ton est le *mi*, & la dominante est le *la*, à la quarte de la finale.

La finale du cinquieme ton est un *fa*, &

B vj

la dominante un *ut* à la quinte de la finale.

La finale du fixieme ton eft un *fa*, la dominante un *la* à la tierce majeure de la finale.

La finale du feptieme ton eft un *fol*, & la dominante un *re* à la quinte de la finale.

La finale du huitieme & dernier ton, eft un *fol*, & la dominante *ut* à la quarte de la finale.

Il faut obferver que le premier ton, le fecond, le troifieme & le quatrieme, procedent par tierces mineures ; que le cinquieme, le fixieme, le feptieme & le huitieme, procedent par tierces majeures.

Il faut remarquer qu'une même finale fert à deux tons différens.

Il eft auffi à remarquer que de tous ces huit tons, les uns ont leurs étendues en bas, & les autres en haut; ce qu'il faut bien favoir.

Les tons impairs, *C*, *A*, *D*, le premier, le troifieme, le cinquieme & le feptieme, ont leurs étendues en haut ; les autres, comme le fecond, le quatrieme, le fixieme & le huitieme, ont leurs étendues en bas.

Pour connoître plus facilement les tons , il faut favoir que les impairs peuvent aller à plus de huit notes au-deffus de leurs finales , & une feule au-deffous ; & que les pairs ne peuvent aller qu'à cinq ou fix notes au-deffus de leurs finales ; mais ils peuvent en avoir trois ou quatre au-deffous , & même plus.

Lorfqu'une Piece de chant va plus de fix notes au-deffus de fa finale & plus d'une au deffous , elle tient pour lors de l'impair & du pair , & ce ton eft appellé Mixte , cependant regardé comme impair.

Pour bien comprendre ce que fignifie dominantes & finales , en voici un exemple :

Tons.	Finales.	Dominantes.
1	*Re,*	*La.*
2	*Re,*	*Fa.*
3	*Mi,*	*Ut.*
4	*Mi,*	*La.*
5	*Fa,*	*Ut.*
6	*Fa,*	*La.*
7	*Sol,*	*Re.*
8	*Sol,*	*Ut.*

Pour bien entonner les Pſeaumes ſur différens tons, il faut obſerver que le premier
& le ſixieme tons commencent tous deux
par les trois notes ſuivantes, *fa*, *ſol*, *la*.

Le troiſieme & huitieme tons pareillement,
commencent par *ſol*, *la*, *ut*.

Le ſecond commence par *ut*, *re*, *fa*.

Le quatrieme ton commence ainſi, *la*,
ſol, *la*.

Le cinquieme, par *fa*, *la*, *ut*.

Le ſeptieme, *ut*, *ut*, *re*.

En retenant bien le commencement de
chaque intonation des Pſeaumes, vous au-
rez une grande facilité à en trouver la fin, &
vous parviendrez à les bien entonner ; &
pour cela, il faut bien lire les Pſeaumes ou
Cantiques, pour donner hardiment le ſon
ou la modulation.

CHAPITRE VIII.

Octaves d'Ut.

Octaves de Fa.

Autres Octaves.

Autres Octaves.

Secondes.

Tierces.

Intervalles.
Quartes.
Intervalles.
Quintes.
Intervalles.

Sixtes.

Intervalles.

Septiemes.

CHAPITRE IX.

Exemple premier fur les huit tons.

Premier Ton.

Second Ton.

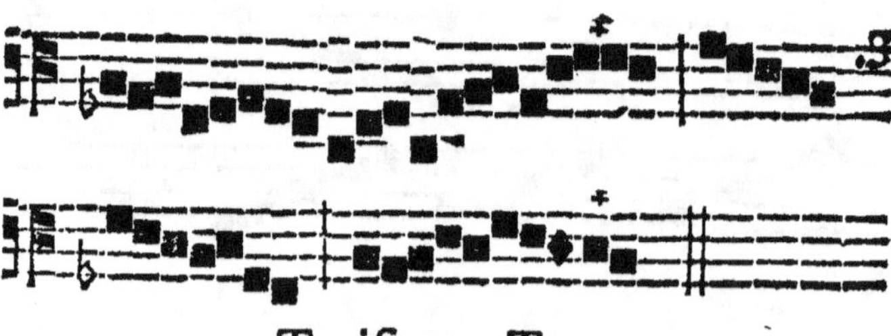

Troifieme Ton.

Quatrieme Ton.

Cinquieme Ton.

Sixieme Ton.

Septieme Ton.

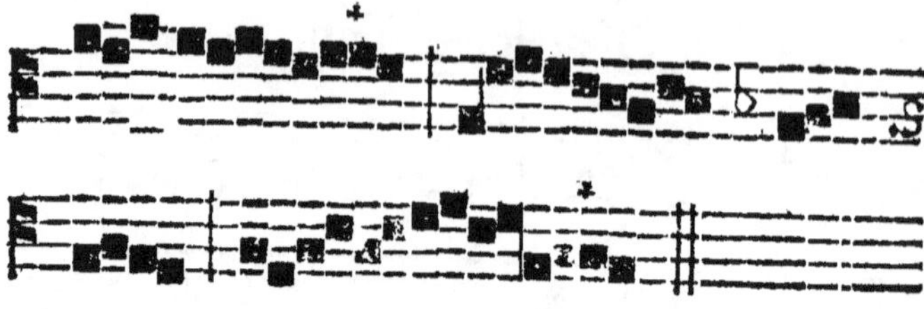

Huitieme Ton.

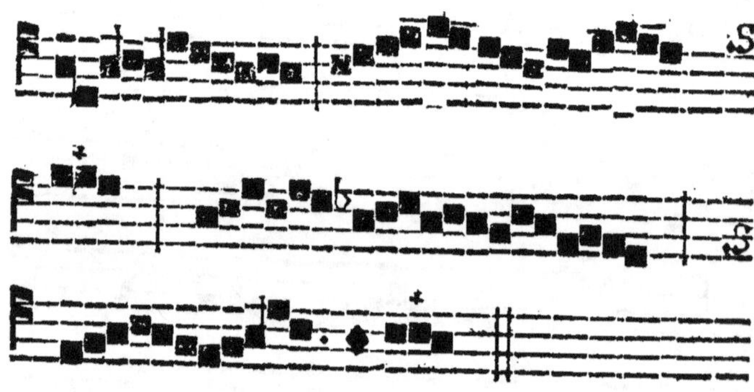

SECOND EXEMPLE

De Bémol, Dièze, Béquarre, demi-Notes breves, des liuisons & cadences.

TROISIEME EXEMPLE,

Afin de faire solfier à l'Ecolier, sans Clef, à toute transposition où il sera facile de connoître de quel ton sera chaque Piece.

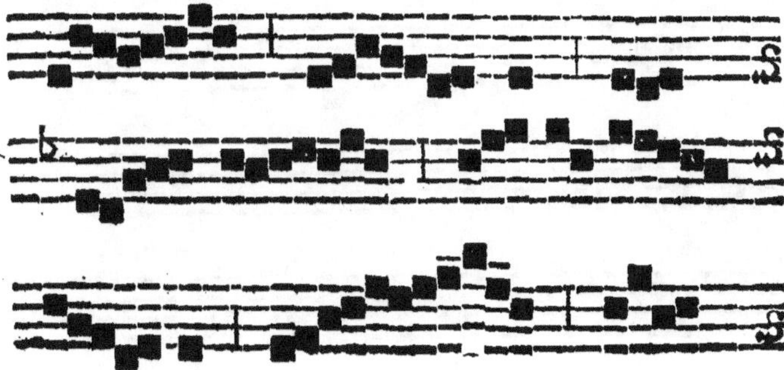

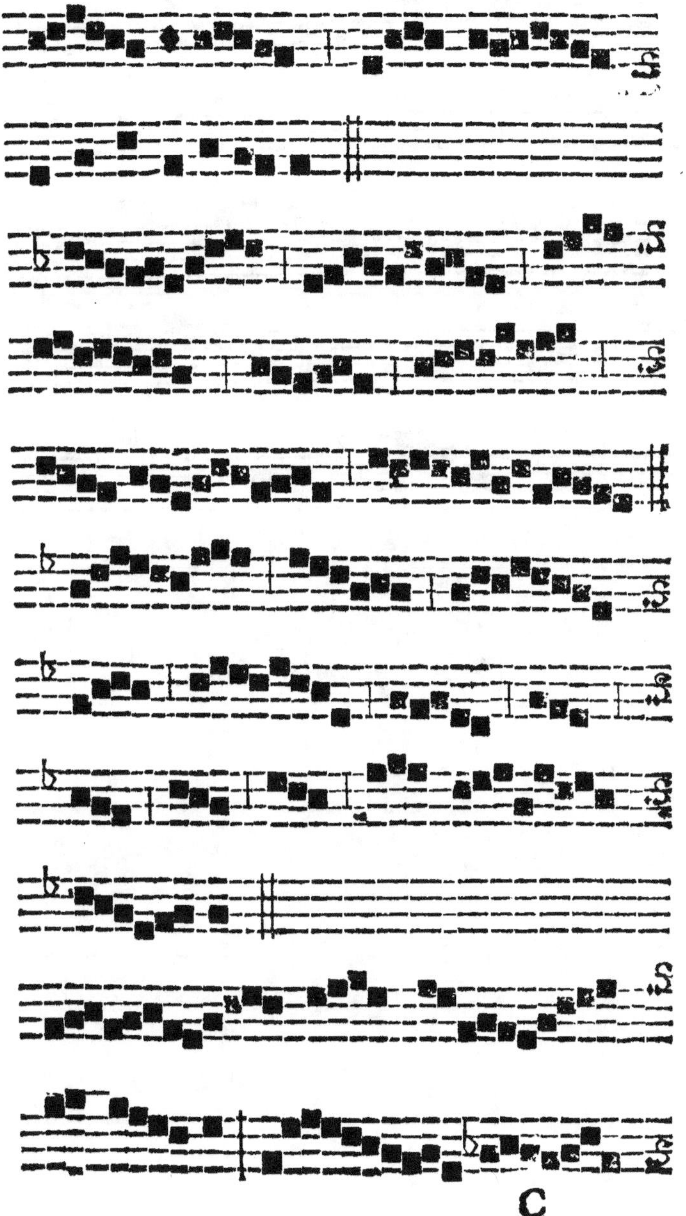

Fin du premier Livre.

LIVRE SECOND

POUR L'USAGE DU SERPENT.

PREMIER EXEMPLE

DE

TRANSPOSITIONS

POUR L'USAGE DU SERPENT.

CHAPITRE PREMIER.

Premier Ton.

Vous prendrez *ut* sur *re* ; & si la piece
monte en *mi*, vous ferez *si* sur *re*.

Deuxieme Ton.

Il se joue naturellement.

Troisieme Ton.

Vous ferez *re* fur *fol*, & vous finirez en *fi*, qui eſt une Tierce plus bas.

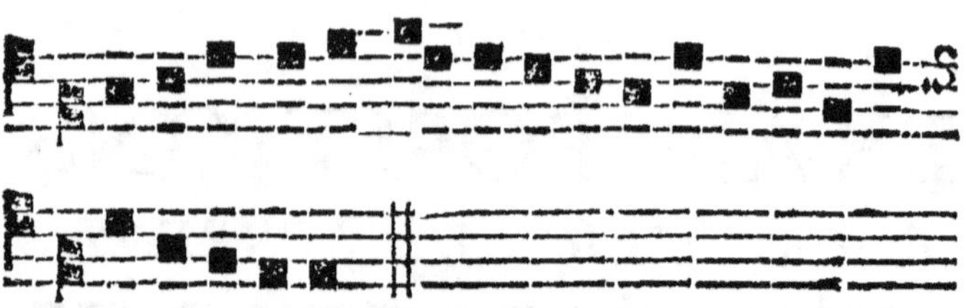

Quatrieme Ton.

Vous ferez *ut* fur *re*, & vous finirez en *re*, qui eſt un Ton plus bas.

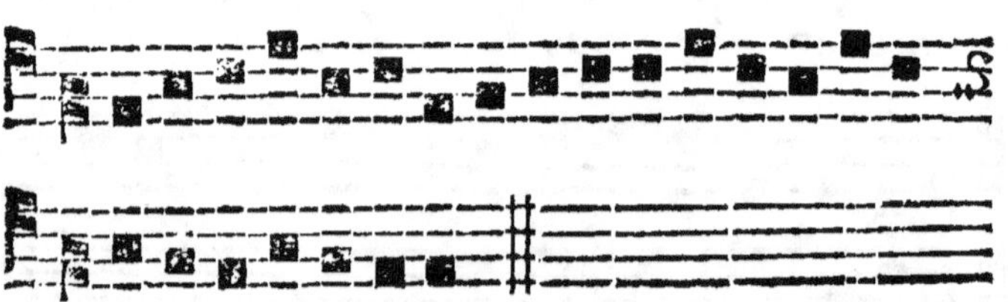

Cinquieme Ton.

Vous ferez *ut* fur *fa*, & vous finirez *ut*, qui eſt une Quarte plus bas.

Sixieme Ton.

Vous ferez *re* sur *fa*, qui est une Tierce plus bas, & vous finirez *re*.

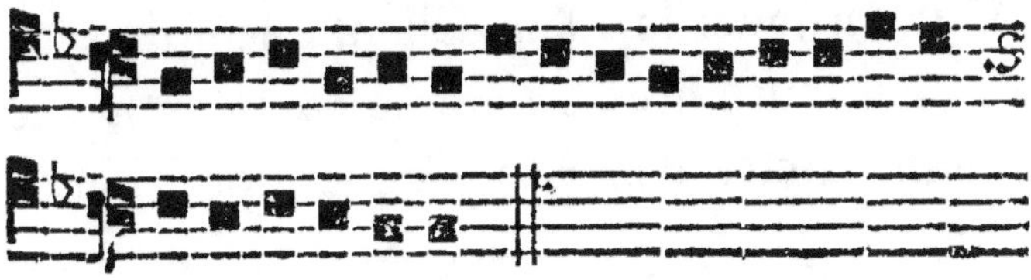

Septieme Ton.

Vous ferez *ut* sur *sol*, qui est une Quinte plus bas, & vous finirez en *ut*.

Huitieme Ton.

Vous ferez *re* sur *sol*, qui est une Quarte plus bas, & vous finirez en *re*.

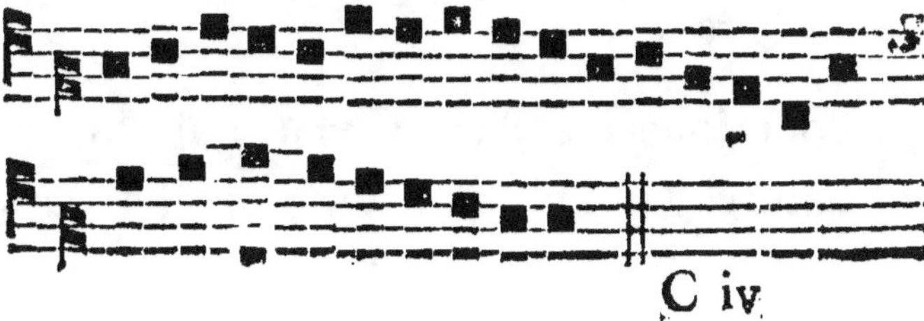

C iv

CHAPITRE II.

Premier Exemple des Transpositions sur toutes les Clefs & Notes.

POUR jouer le Plein-Chant une note plus bas, il faut faire le *si* & le *mi* bémols, & donne la clef d'*ut* à sa premiere position.

*Clef d'*ut* à sa quatrieme position.*

ut

Pour jouer le Plein-Chant qui suit en *re*, c'est-à-dire, deux notes plus bas, il faut faire, *fa*, *ut*, *sol* dièze, & donne la clef de *fa* à sa premiere position.

re

Pour jouer le Plein-Chant qui suit en *la* naturel, qui est quatre notes plus bas,

il faut faire *la*, *fa* dièzes, & donne la clef
d'*ut* à la seconde position.

Pour jouer le Plein-Chant qui suit en
si bémol, qui est cinq notes plus bas, il
faut faire le *si* & le *mi* bémols, & donne
la clef de *fa* à sa seconde position.

Pour jouer le Plein-Chant qui suit en
re, il faut faire *fa*, *ut* dièzes, & donne la
clef d'*ut* à sa quatrieme position.

*Voici la transposition de la clef d'ut à la
troisieme position.*

Pour jouer le Plein-Chant en *re*, il faut
faire les *fa* dièzes.

Pour jouer le Plein-Chant en *re*, il faut faire le *si* & le *mi* bémols.

re

Pour jouer le Plein-Chant en *si* naturel, il faut faire *fa*, *ut*, *sol*, *re* dièzes.

si

Pour jouer le Plein-Chant en *fa* naturel, il faut faire les *si*, *mi*, *fa* bémols.

fa

Pour jouer le Plein-Chant en *la*, il faut faire *fa*, *ut* dièzes.

Voici la transposition de la clef d'ut sur la seconde ligne.

Pour jouer le Plein-Chant en *re*, il faut faire *fa*, *ut* dièzes.

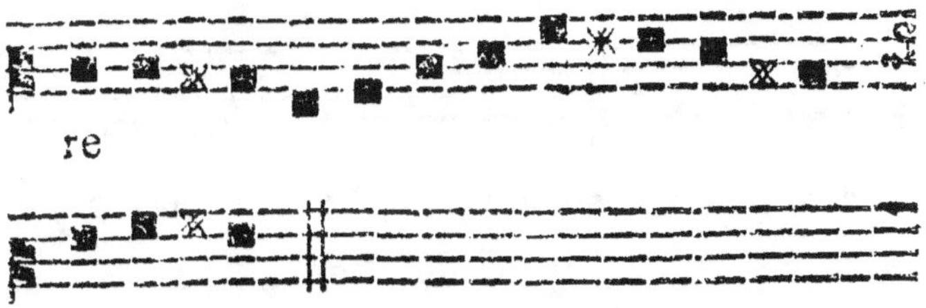

Pour jouer le Plein-Chant en *mi* bémol, il faut faire *si*, *mi*, *la* bémols.

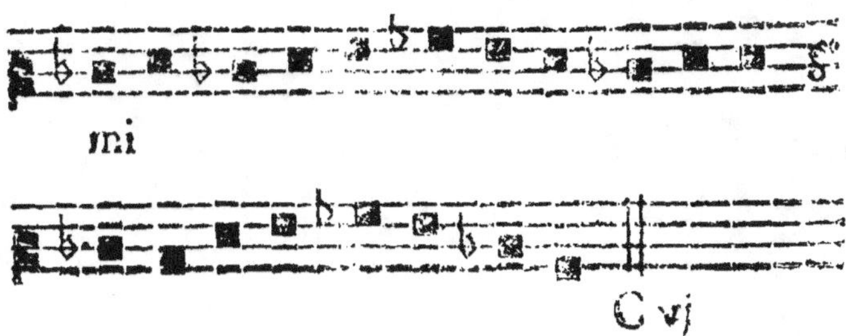

Pour jouer le Plein Chant en *fa* naturel, il faut faire le *si* bémol.

Pour jouer ce qui suit en *sol*, il faut
faire le *fa* dièze.

*Voici la transposition de la Clef de fa sur
la troisieme ligne.*

Pour jouer le Plein-Chant une note plus
bas, il faut faire le *si* & *mi* bémols.

Pour jouer le Plein-Chant deux notes plus bas , il faut faire *fa* , *ut* dièzes.

Pour jouer ce qui suit une note plus haut, il faut faire le *fa* dièze.

Pour jouer le Plein-Chant en *mi* naturel, *C*, *A*, *D*, deux notes plus haut, il faut faire, *la*, *fa*, *ut*, *sol* dièzes.

Pour jouer le Plein-Chant en *sol* naturel, il faut faire le *si* bémol.

MESSE
PROPRE POUR LA FÊTE
DE SAINT SEVERIN.
INTROÏT, *du* 3.

di - es Re - gis ad - ji-
ci- es; pſalmum di - cam
no- mi-ni tu - o in ſe - culum ſe - cu-li. Pſ. Exaudi
De- us , depre-ca- ti-onem me- am :
inten-de o-ra-ti- o-ni me- æ.
Glo- ri - a. ſe-cu-lo-rum. Amen.
De - us.

GRADUEL *du* 1.

IN-vo- ca- vit Do -
minum mi-se- ri- cor - dem,
& ex- pan - dens ma nus su -
as ex- tulit ad cœ -
lum; & sanc- tus Do- mi- nus
De- us au- di - vit ci - tò
vo- cem ip- si- us.

AVANT LA SEPTUAGÉSIME.

Du 2.

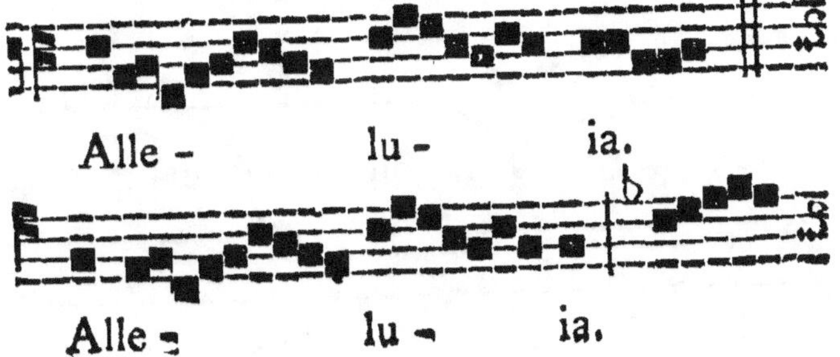

On répete l'Alleluia, *sans neume.*

P R O S E *du* 2.

F

vi- gilat. Quàm tranquillè

vi-vitur, Quàm fecurè cu- ri-tur,

Cùm lux De- us ruti-lat ! De-us

ti-bi placu- it ; Cùm pro-fanum vi-

lu- it, Seve-rine, fe-cu-lum. Quæ

funt retrò def-pi-cis ; Quod eft

an-tè ref- pi- cis Ve- ri-ta-tis fpe-

culum. Et- fi dul- cis veri- tas ,

At majo- ris cari-tas Dat præ- cep-
tum ponde-ris. Vota fratrum ad-
vo-cant; De- i juf-fa collo- cant:
Tutè ti bi rape-ris. Non ta-
men de-fe- ri-tur, Tota non fubftra-
hitur, Quam cor fa-pit, ve-ri- tas.
Fortem li-gat one-re , Non
oppreffum pondere Obru- it

necef- fitas.   At nunc gra-tum

oti-um, Dulce con-tuberni- um

Defe-ri Rex imperat.   Pa-tri- am

defe-rere, Om- nia re-lin-quere,

Tanti non confti-terat.   Loco

po teft ce-de-re, Mens fu-um amit-

tere Numquam po- teft oti-um.

Vel in ipfa regi- a, Mun-dus

est stulti- ti- a: Totum Chri- stus
gau- di- um. Splendidus mi-ra-
culis, Ip- se su- is ocu- lis Exhi-
betur vili-or. Dare, non acci-
pere, Non mercedem quæ-rere,
Ve-nit ge-ne- ro- si- or. Suble-
vare pau-pe-rem, Refe-ra-re car-
cerem, Fructus hic m -ra-cu-li.

Re-gis gazas a-perit, De-i
manum exe-rit In falu-tem popu-li.
E terreſtri re-gi- a Vocat cœli
cu-ri a Jam maturum glori-æ.
Non anti-quum oti-um Sed æ-
ternum gaudium Veræ petit patriæ.
Æ-ter-no-rum col-lium Noſ-
tro de-fi-de-ri-um Cordi, De-us,

APRÈS LA SEPTUAGÉSIME.

TRAIT du 2.

eſt

eſt ho- mo, qui-a in-no - tu-

i-ſti e - i? aut fi- li-us ho-

mi- nis qui-a re- putas e - um?

De - us, can-ticum no - vum

can- ta - bo ti - bi, qui

das ſa-lu- tem Re - gi bus;

qui re- demi - ſti ſer-vum

tu- um.

D

OFFERTOIRE *du* 6.

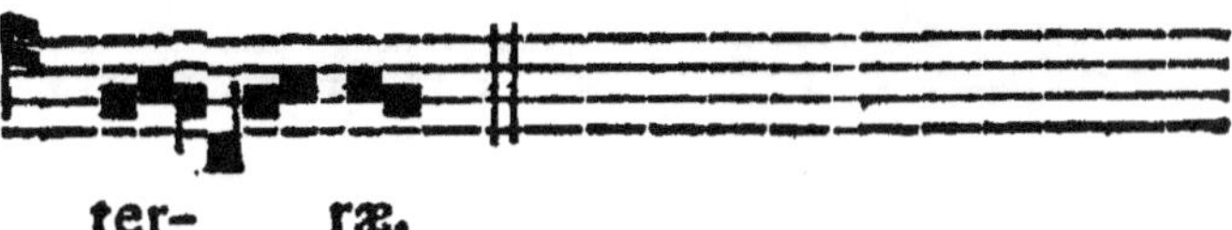

ter-   ræ.

COMMUNION *du* 6.

D ij

MESSE

PROPRE POUR LA FÊTE DE SAINT SULPICE.

INTROÏT du 5.

lum ; & de- dit il-li do-ce- re
Ja- cob tefta-men-tum fu- um &
ju·di-ci- a fu- a If-
ra-el. Pf. Me-mento, Domi-ne,
Da- vid, * & omnis manfu- e-
tu-di- nis e- jus. Glo- ri-
a Pa-tri, & Fi-li- o, &
Spi-ritu- i fancto, Si-cut erat in

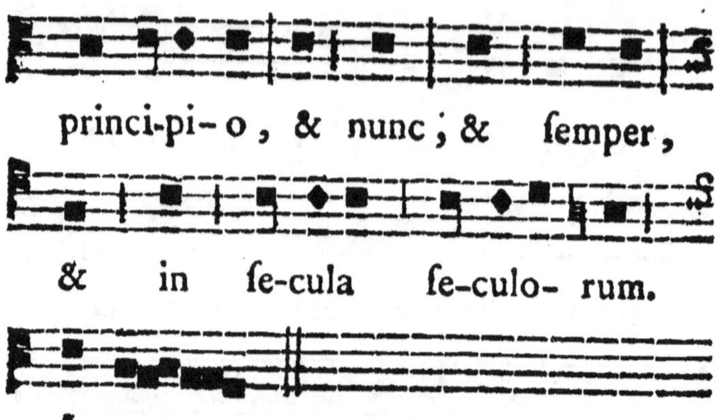

On répete l'Introït Glorificavit *jusqu'au Pfeaume.*

GRADUEL *du 6.*

fide-lif- fi- mus ℣. Of-
ten- dit ex bo-na con-verfa-ti-o-
ne o-pe-ra-ti- o- nem fu- am
in man-fu- e-tu- di- ne
fa-pi- en-ti- æ.
Du 1 Ton.
Al- le- lu- ia,
Al- le- lu- ia.
Vo- lu-i ne-

D iv

qua- quam a-bu-ti poten-ti-æ
magni-tu- di-ne, fed clemen-
ti- â & le-ni-ta- te gu-ber-na-
re fub- je-
&ctos. Al- le-
lu- ia.

PROSE *Du* 2.

SE Chri- fti gre-gi- bus Dan-tem

Sulpi-ti-um, Quantis la- bo- ri-bus
fer-va-trix o- vium Ma- &ta- vít
chari-tas.
Vota cœ-le-fti- a Pu-er ef-fude-rat
Cum fapi- en- ti- a Jam ante-
ver-terat Æ- ta-tem pi-e-tas
Lar- gus in paupe-res The- fau-

D v

ros ex-hi-bet, Intrat & car-
ceres, Nec horror pro-hibet Vinctis
suc-cur-re-re.
Gau-det sa-cra-ri-a Su pre-mo
nu-mi-ni, Ægris hospi-ti-a,
Pi-o-rum agmi-ni Do-mos e-
ri-ge-re.

Caſtris dùm jun-gitur Fit Pa- ter

mi- litum, Qua fi-de niti- tur,

Ful- ſit e- xerci-tum, Et Re- gem

al-le-vat.

Quantis vir-tu- ti-bus Mi-cas ô Pon-

tifex! Dùm e-xul- tanti-bus Tut-

bis to cœ-li Rex In ſedem elevat.

D vj

Ver- bo quam fer-tili Pafcebas po-

pulos : Cu- ra quam vi- gi- li Fo-

ve- bas fingu-los , Cun- ctis &

de bitor.

Quot & fo-lemni- a , Col- lectis pa-

tribus, Co-gis con-ci- li- a :

Præ-ftans fermo- ni-bus Le-gum &

con-di-tor.

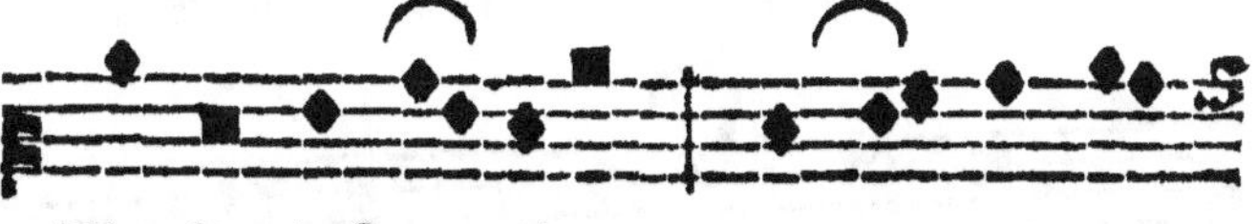
Un-dis luftra-libus, Ju-dæ-os a-

blu-is, Lar-gis & fle- ti-bus Im-

pi-os e-lu- is, Po-tens in-fle-

éte-re.

Ve-xatos cen-fibus Ci-ves ex-o-

ne-ras, al-tum fuppli-cibus Dum

vo-ti roperas Tonantem vin-ce-re.
Quin templo no- ctibus Con-fo-cians
di- es , Cru-cis in- fignibus In-fernas
a- ci- es Percuf- fas deftru-is.
Fræna-tor i gni- um Se-das incendia,
Gen-tis præ- fidi- um Languen- tum
milli- a Vi-tæ refti- tu- is.

Lent.

Fac ô mi-ra-bi- li! Qui ful-ges

Sulpi- ti fa-ci- li Deus cle-

menti- a, Cœ- lum det per-vium.

Quo ferves cordi- bus, Amo- rem

ex- ci- ta Quæ monstras grandibus

Nos fa- ctis im- ci-ta Ad grande

præ-mi- um. A- men.

Si cette Fête se rencontre dans la Sep-tuagésime, on omet l'Alleluia & la Prose, & l'on dit le Trait suivant.

TRAIT *du* 8.

mi- tes vi- as fu- as.

U- ni-ver-fæ vi- æ Do-mi- ni

mi- fe- ri- cor- di- a & ve-

ri- tas, requi- ren ti- bus

te- ftamen- tum e- jus,

& te- fti mo- ni- a e-

jus.

OFFERTOIRE *du 8.*

COMMUNION *du* 8.

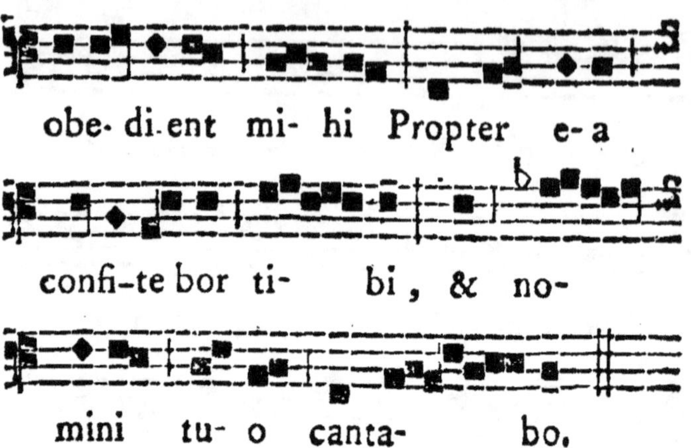

obe- di- ent mi- hi Propter e- a
confi-te bor ti- bi, & no-
mini tu- o canta- bo.

MESSE

PROPRE POUR LA FÊTE
DES. COSME ET S. DAMIEN.

INTROÏT *du* 5.

On repete l'Introïte Clamaverunt.

GRADUEL *du* I.

fu- is , mi- ra-
bi- lis in ma- je- fta-
te , fa- ci- ens pro-
di- gi- a. ℣. Dexte- ra
tu- a Do- mine glo- ri-
fi- ca- ta eft in vir-
tu te : dex-tera
ma-nus tu a con-

fre- - - git ini-
mi- cos.

L'Alleluia *du* 6.

Al-le-lu- ia. al- le-
lu- ia.

℣. Ju- fti epu-
len- tur, & e- xul-
tent in confpe- &u De-
i,

On répete l'Alleluia jusqu'à la neume.

P R O S E *du 6.*

tem. Quid vi- ros mi- ra-mi- ni,
Agni ma- nus Domi- ni His mi-
ni - ſtris. Me-li- o- ra quæ- ri-
te, Ve-ram vi-tam diſ- ci- te
His magiſtris. Raptam brevi
fle-bi- tis, Læti quam ac- cipi-
tis Sa- ni- ta- tem. Numquam
erit perde- re, Quam li- cet ac-

qui- re- re , Veri- ta- tem.

Fas ab his cognofcere , Quan-

ti decet fa- ce- re mun-di

lu- cem. Quam dant ip- fi defe-

runt , Huic pro chrifto præ-fe-

runt , Mortem tru- cem. A-ni-

mam di- lige- re , Sal-vam velle

E ij

fa- ce- re, Artis eſt præ-ci- pe- re
Non ve- ra- cis. Me-di- cis his
credi- te : Vitam fluxam ſper. ni-
te, Vi- tæ ſpem ca- peſci- te
Non fal- la- cis. Sa- na ſa-
na- bi- mur. Sal-va ſal-va- bi-
mur, No-ſtra qui ſa- lus eſt

OFFERTOIRE *du* 4.

E iij

COMMUNION *du* 8.

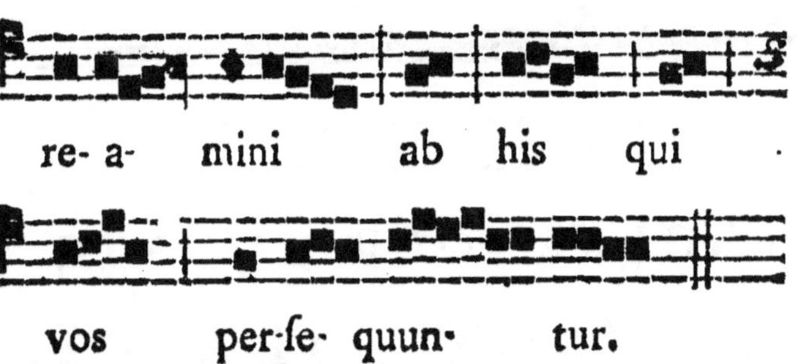

E iv

MESSE

PROPRE POUR LA FÊTE
DE SAINT HILAIRE.

INTROÏT *du* 8.

On repete l'Introït.

GRADUEL *du* I.

FI- de de-mora- tus est
in ter- râ a- li-e- nâ cum cohæ-
re- dibus re-pro- miffi- o-
nis e- juf- dem; expecta- bat
e- nim funda-men- ta haben-
tem civi-ta- tem cujus ar-
tifex, & con- di-tor De-

- us. ℣. Hortaba- tur
om- nes in propo- fito
cordis permane- re in Do-
mino; qui-a e-rat vir bo-
nus, & ple- nus Spi- ri- tu
fan- cto & fi- de.
Du 2.
Al- le- lu- ia, Al-

On répete l'Alleluia, ſans neume.

PROSE *du 2.*

SYdus e-ximi-um, præfu-lem Gal-
li- a ca-nat Hila-rium, cujus in-fi-
gni- a Sumunt princi-pi-um ex
verbi glori- â, quam con-ftans vindi-
cat. Nicenam regulam forti-ter
affe-rit audacem fabu-lam firmi-
ter conte-rit, in patrum medi- o

Quam largè differit; Fluens eloquio !
Cal-li-dis obvi-at ut ba-sim fide- i
Nu-tantem fufci-at, ut gentiti De-i
Patris prin-cipi- o decus ftabi-li- at
Pa-rens opprobri-o. Multis impe-
titur paftor in-fi-di- is : Pro-cul ex-
pellitur; pref- fus angu-fti- is Per
hæc difcri-mina quot è filenci-is

pacem revocans, ut fons difcordi- æ,

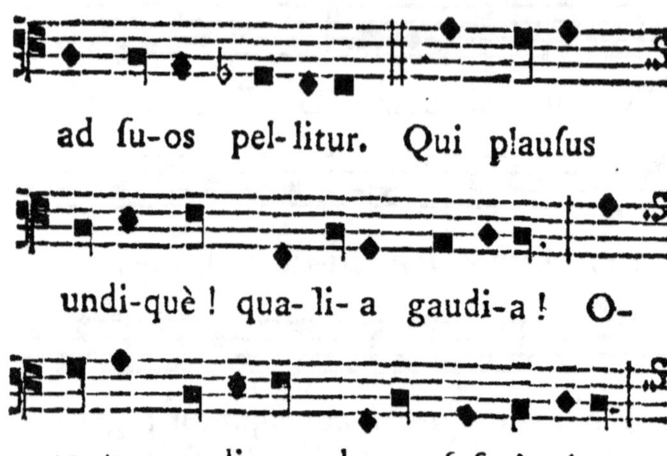
ad fu-os pel-litur. Qui plaufus
undi-què ! qua- li- a gaudi-a ! O-
rante re-diens choro fuf-ci- pitur :

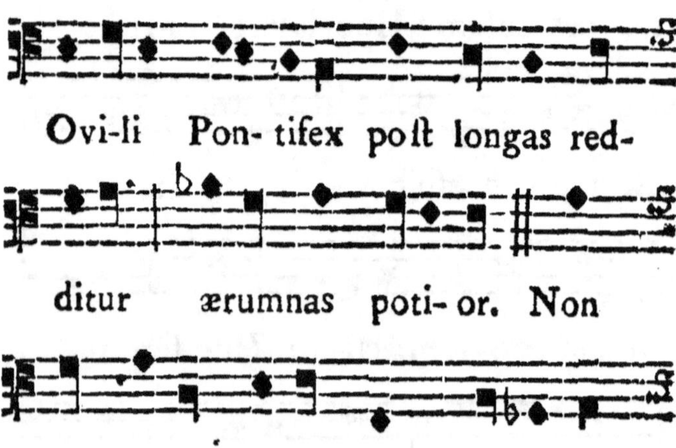
Ovi-li Pon- tifex poft longas red-
ditur ærumnas poti- or. Non
hic , ardens li-cet meus cu-pi- at ,

fu-o com- perfam Sangui-ne re-

portat laure-am, Dum regit populum, di-ris vita fugit hauſta la-
boribus. O qui nunc numi-nis
gau-des præ-ſenti-a, O De-us
Gal-li-æ præ-ſu-lum glo-ri-a,
Ple-bi ſub-ſi-di-um : rogamus,
or-phanos, Pa-ter, ne de-ſe-

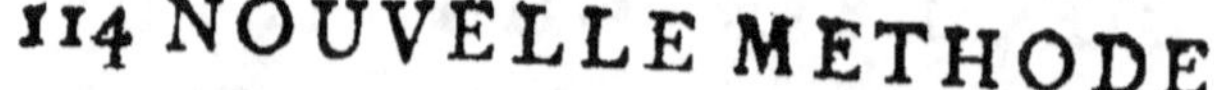

Offertoire du 8.

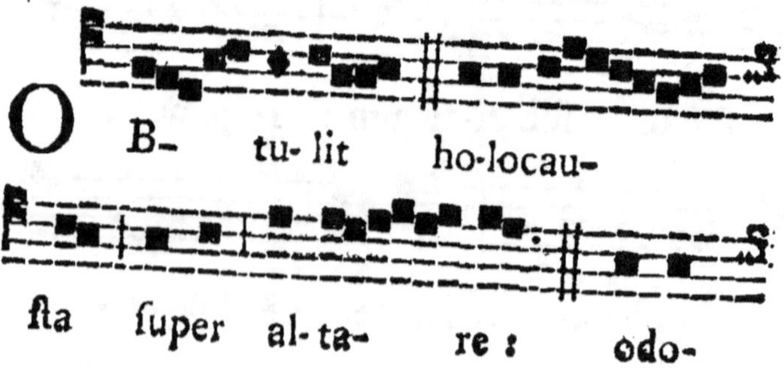

COMMUNION *du* 3.

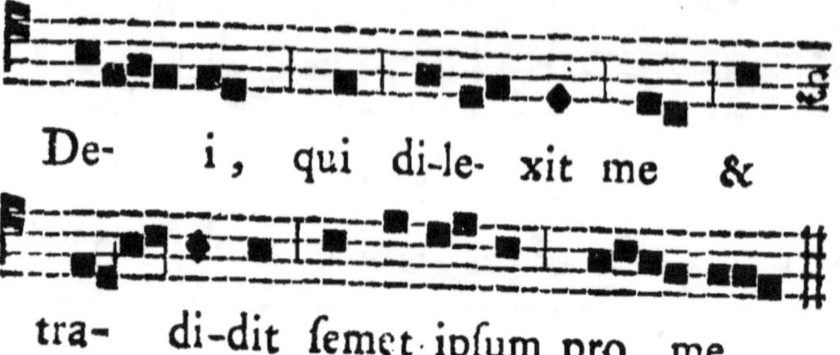
De- i, qui di-le- xit me &
tra- di-dit semet ipsum pro me.

MESSE

PROPRE POUR LA FÊTE DE SAINT HIPPOLYTE.

INTROÏT *du* 3.

glo- ri- a me- a.
Pſ. Nonne De- o ſubjecta
erit ani-ma me- a? ab ip-ſo
enim ſalu- ta-re meum. ℣. Glo-
ri- a. S.
A.

GRADUEL *du* 3.

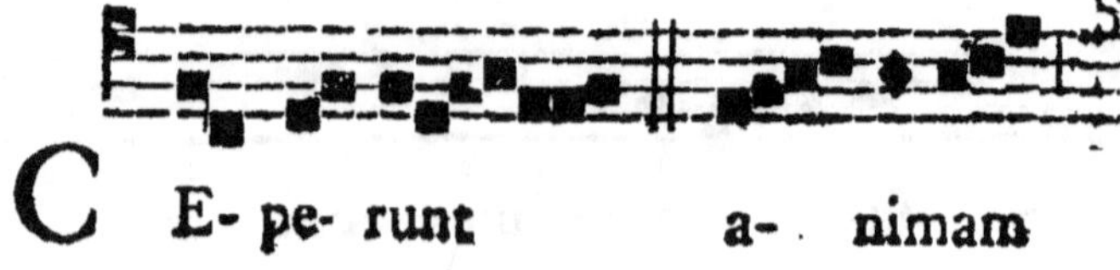
CE- pe- runt a- nimam

me- am, ir-ru-
e- runt in me for-
- tes : ne- que i-ni- qui-
tas me- a, neque
pec-ça- tum me- um, Do-
mi-ne. ℣. Ego au-
tem canta- bo forti-tu- di-nem
tu- am, qui- a fa-ctu es ſuſ-

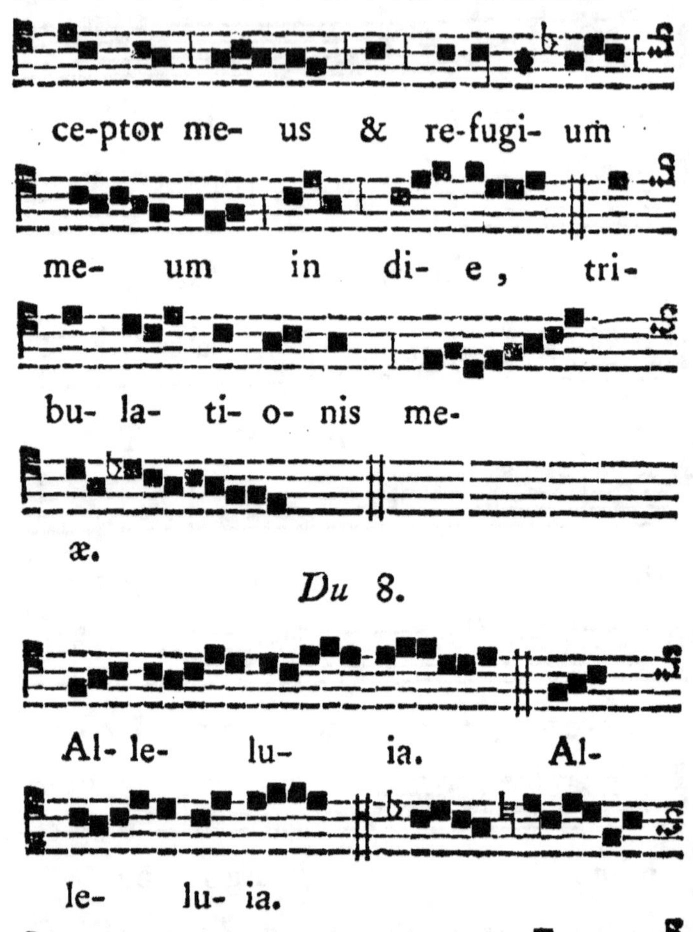
ce-ptor me- us & re-fugi- um
me- um in di- e, tri-
bu- la- ti- o- nis me-
æ.
Du 8.
Al- le- lu- ia. Al-
le- lu- ia.

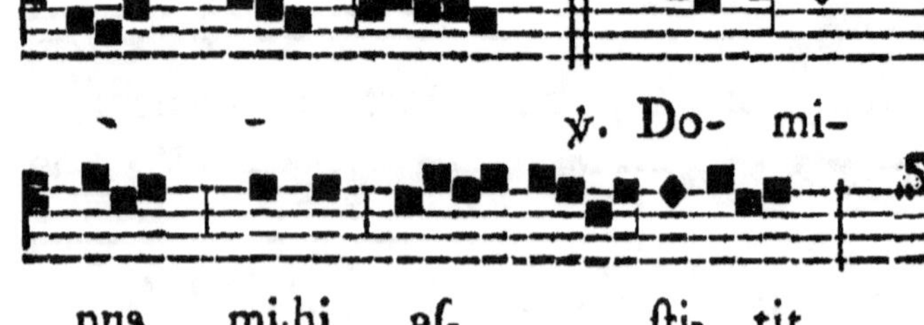
℣. Do- mi-
nus mi-hi af- fti- tit,

& conforta- vit me, &
falvum fe- cit in re- gnum
fu- um cœ- lef-
te.

P ROSE *du* 5.

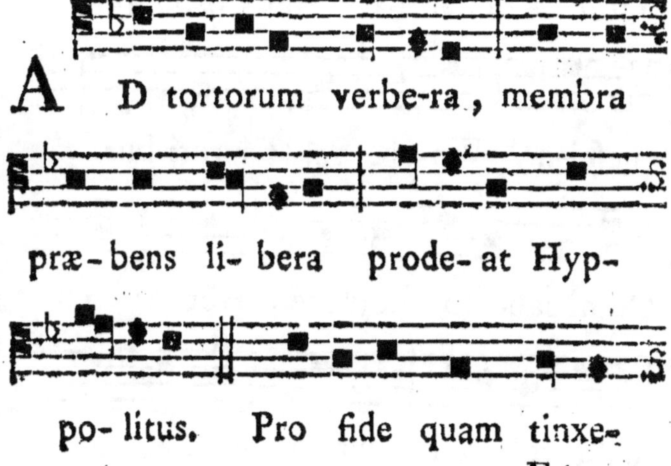

AD tortorum verbe-ra, membra
præ-bens li-bera prode-at Hyp-
po-litus. Pro fide quam tinxe-
F

rat, Laurenti-us pro-perat hic mo-
ri non ter- ti-us. Virgæ fruſtra
cre- pitant, Spes & amor ha-bi-
tant Cordis in receſ-ſibus. Hinc
mira Conſtanti-a Hinc promiſ-ſi
neſci-a, Vin-ci, vel ter-rori-bus.
Dum pani-ſti corpore, Hoc ar-
maſti robore, tantum Chri-ſte, pu-

lanti- a, Martyr ô pa-la-ti-

F ij

a, qui gaudes jam consequi.
Qui tu- os in præ- li- a, Du-
cis & in præ-mi- a Fac nos
& te sub- se- qui. A-
men.

OFFERTOIRE *du 2.*

COMMUNION *du 1.*

F iij

fam   ad-verfus   e-   os
qui tri-   bulant me,

OFFICE

PROPRE POUR LA FÊTE

DE S. BENOIST.

Aux premieres Vêpres. Annuel.

Pseaumes de la Férie.

Ant. 2. D. Quid mi-hi pro-
deſt quod ma-jo-rem de-di ſapi-en-
ti-æ o-pe-ram? mori-tur doctus
ſimi-liter ut indoc-tus tæ-du-
it me vitæ me-æ videntem ma-
la u-ni-ver-ſa eſ-ſe ſub ſo-le.
T. P. Alle-lu-ia.
Ant. 3. a, E-xi-ſtimo

om-ni- a detrimentum effe prop-
ter e-minentem fcien- ti- am Je-fu
Chri-fti Domi- ni me-i prop-ter
quem omni- a de-trimen-tum fe- ci
T. P. Al-le- lu-ia.
Ant. 4. E. Pars me- a Do-
mi-nus, di- xit. a- nima me-
a. Bo-num eft præ-fto la-ri cum

si-len-ti-o salu-ta-re De- i.

T. P. Alle- lu-ja.

Ant. 5. C.   Sur-gens er- go

a-   bi- it & pere- xit in de-

fer- tum; cumque ve-niffet A-luc,

man-fit   in fpe-lun- ca. T. P. Al-

le-lu-ia.

Répons du 6.

F vj

spe- xero. T. P. Aile-lu- ia. Al-
le-lu- ia. ℣. Quæ re- tro
sunt obli- vif-cens, ad de-sti-
na-tum per- fequor, ad bra- vi- um
fu per- næ, vo-ça ti-o- nis De-
i. Va do. Glo- ri-
a Pa- tri, & Fi- li-o,
& Spi- ri- tu- i fan-
cto. Va do ut ha- bitem.

H Y M N E *du* I.

Quis ille, teftes nam fuiftis, dicite,
Quot faxa fufis irrigarit fletibus,
Et veftra quantis & quibus fufpiriis,
    Turbarit hofpes hic novus filentia.

Et tu fidelis tot laborum confcia,
Spelunca, vivi feu fepulchrum corporis.

Tuis sub umbris quanta dic affulserit,
    Per solem mundi solis æterni dies.

    Se darit ille quo cibo duram famem,
Sitimque longam quo levarit poculo,
Quo membra lecto straverit languentia,
Quinam sonales, & quibus cum vixerit.

    Quod mundus ardet, & quod ardenter
        colit,
Sordebat illi, floris instar aridi,
Terrena grandi cuncta despectans fide;
Noctes diesque cogitat cœlestia.

    Ne prava lædant criminum contagia,
Romam, sodales, & suos, & se fugit;
Te Christe solum scire, te studet sequi
Prudens & alta doctus ignorantia.

    Tutus profundis non satis recessibus,
Ne quid parumper turbet attentum Deo,
Prærupta quærit & specus impervias,
Semet relinquit, jam relictis omnibus.

    Patri perenne sit per ævum gloria,
Tibique laudes totus orbis concinat,
Æternæ nate splendor æterni patris,
Compar sit almo laus decusque flamini.
        Amen.

℣. Ecce elongavi fugiens, & manfi in folitudine.

℟. Quoniam vidit iniquitatem & con-tradictionem in civitate.

A Magnificat.

A Complies, *Pseaumes de la Férie.*

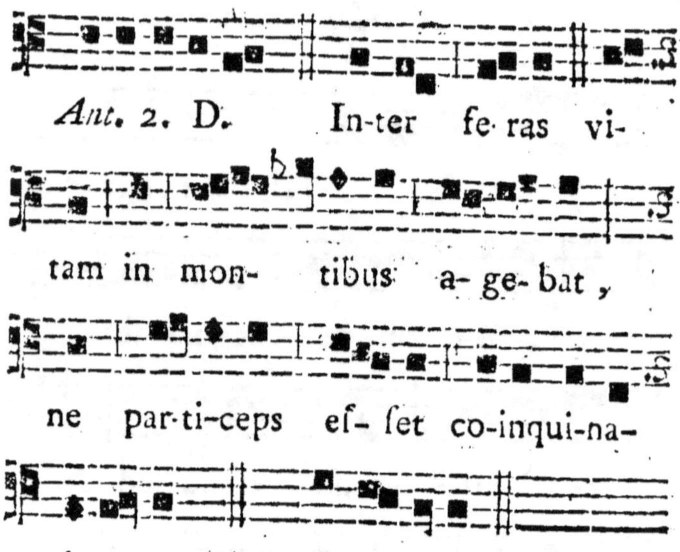

A Nunc dimittis.

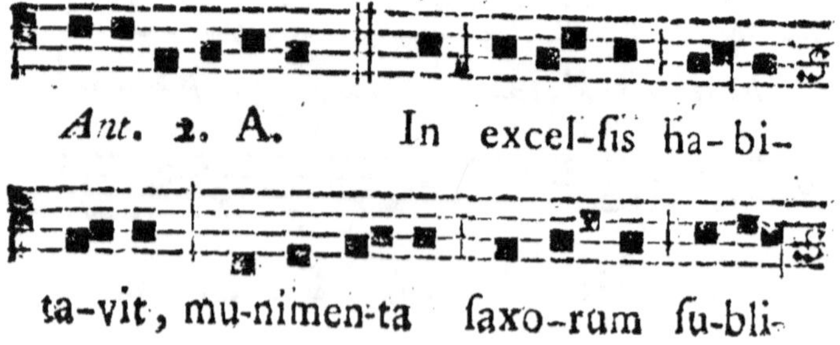

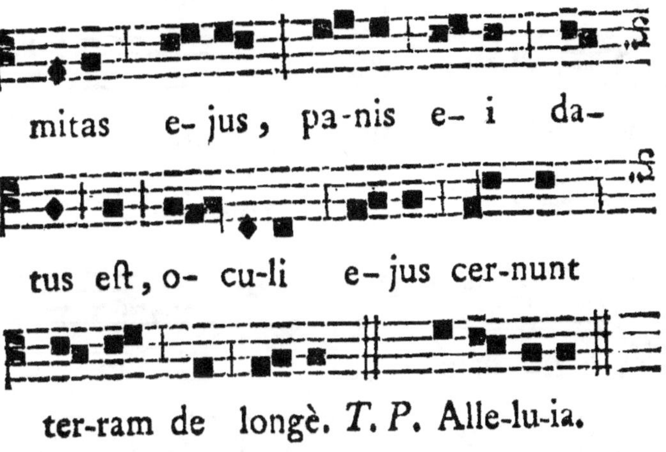

A MATINES.

Invitatoire du 7.

Au temps Pafchal, Invitatoire *du* 5.

HYMNE *du* 6.

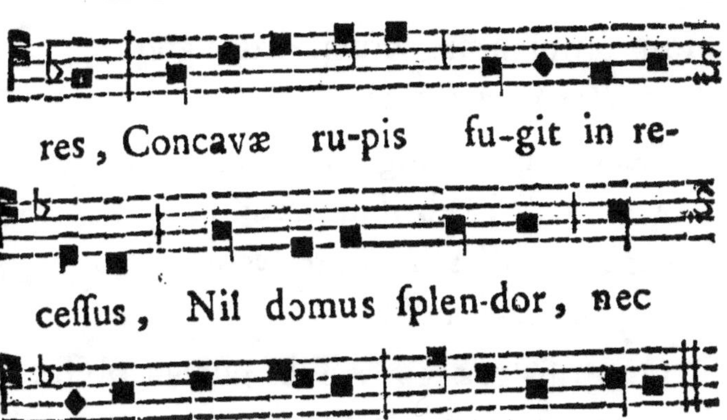

Factus immanis novus hoſpes agri,
Nil Deum præter videt, hunc profundâ;
Conſulit, rerum ſtrepitu ſilente,
    Mentis in aula.

Surge, quid ceſſas ? Benedicte, prodi,
Et tuo demum redivivus antro.
Poſceris mundo ; tua te retexit
    Maxima virtus.

Te decet ſacros reparare cultus ;
Te rudes morum repetunt magiſtrum ;
Pro tuo jurant dociles alumni,
    Vivere nutu.

Viva lux ægros necat intuentes ;
Neſcius flecti, ſi bi fecit hoſtes :

Mors propinatur, crucis icta figno,
    Rumpitur urna.

Cedit ingratis fugitivus oris,
Se fuæ nocti latebrifque reddit,
Liber, exultans habitare fecum,
    Cætera mittit.

Quo ruis præceps, Tibi numen obftat,
Non poteft tantum latitare lumen.
Prole debetur tibi pro rebelli
    Subdita proles.

Noftra te fummunt celebrent parentem;
Ora, te fummo genitum parente,
Par fit amborum tibi laus per omne,
    Spiritus ævum.   Amen.

PREMIER NOCTURNE.

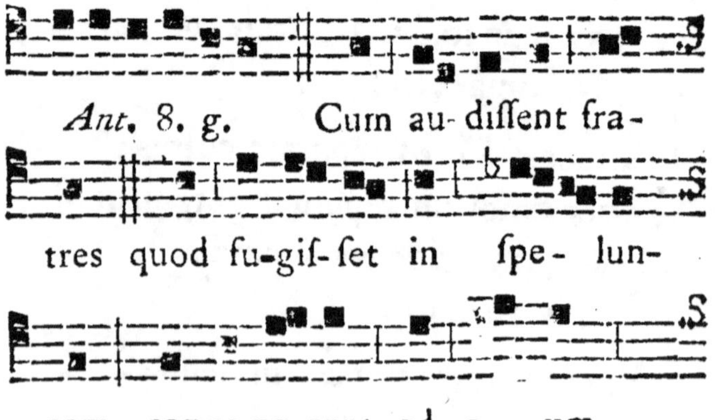

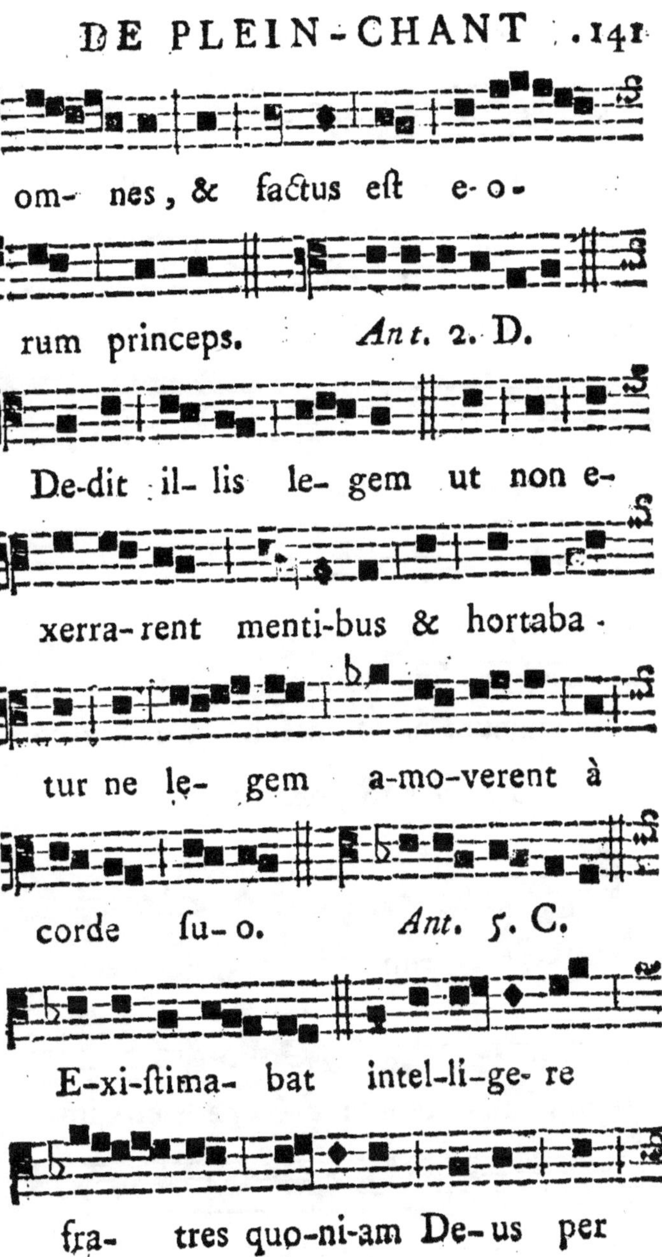

om- nes, & factus est e-o-
rum princeps.   Ant. 2. D.
De-dit il- lis le- gem ut non e-
xerra- rent menti-bus & hortaba-
tur ne le- gem a-mo-verent à
corde fu- o.   Ant. 5. C.
E-xi-ftima- bat intel-li-ge- re
fra- tres quo-ni-am De-us per

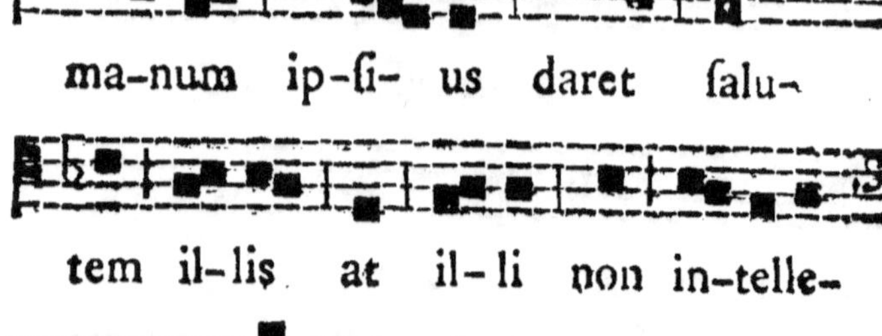

di- bus fu- is.

℣. Linguis fuis dolosè agebant.

℞. Venenum afpidum fub labiis eorum.

Premier Répons du 1.

contra-ri- us est o-pe- ri- bus
no-ſtris & diſ- famat in nos
pec-ca-ta diſ-ci- pli-næ noſ-
træ. * Ju-ſto-rum autem a-nimæ
in ma- nu De- i ſunt & non
tanget il-los tor-men- tum
mor- tis. ℣. Col-legerunt ſe
& devove-runt ſe di- cen-

Second Répons du 2.

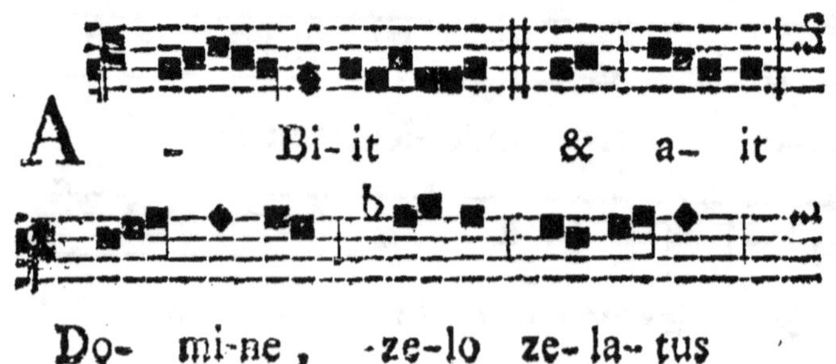

sum pro Do-mi-no De- o e-
xer-ci- tu-um , qui- a dere-lique-
runt pactum tu- um fi- li- i
Iſ-ra-el, & quæ runt a- nimam
me- am ut au- fe-rant e-
am. * Et † E-greſ-ſus ſte- ti
in oſ- ti-o ſpe- lun- cæ.
℣. Fu- i in mor-ti-bus fre-

G

Gloria. *du* 2. † E-gref-fus.

Troifieme Répons du 3.

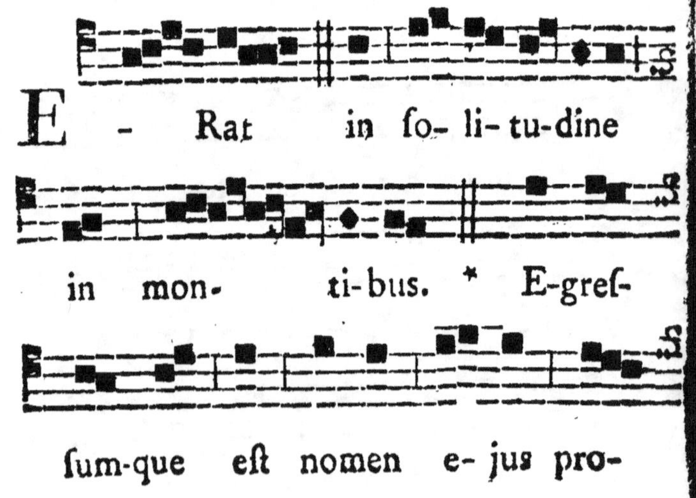

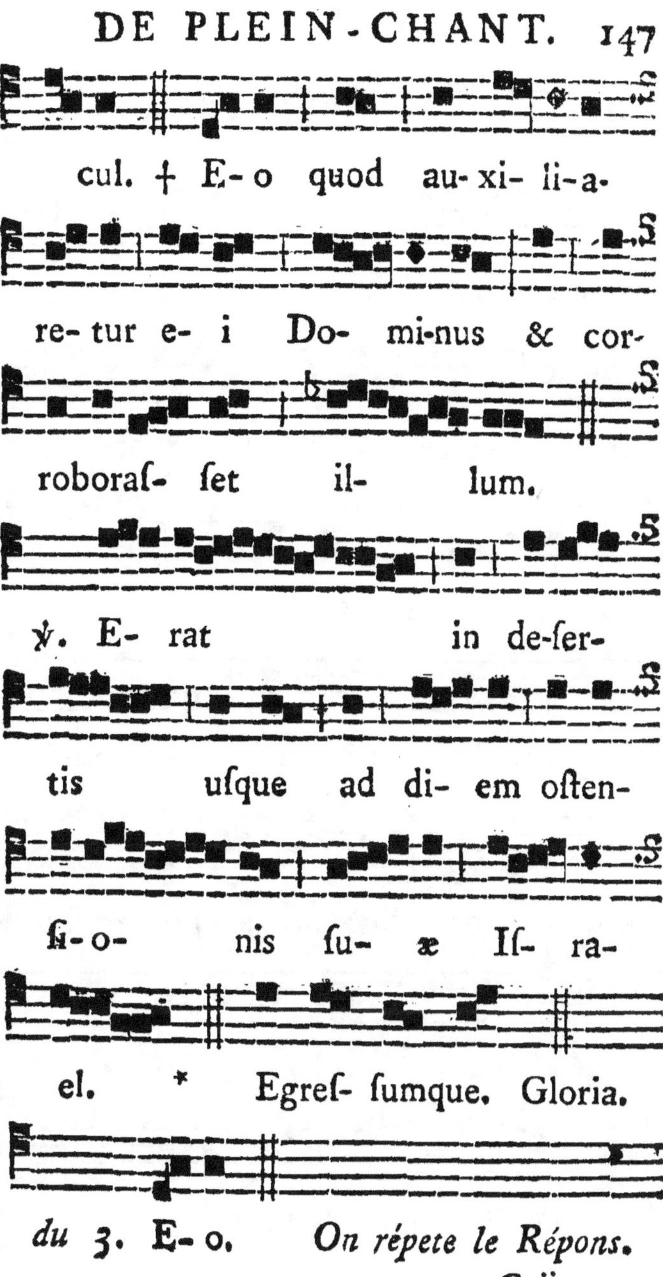

cul. † E- o quod au- xi- li- a-
re- tur e- i Do- mi-nus & cor-
roboraf- fet il- lum.
℣. E- rat in de-fer-
tis ufque ad di- em often-
fi-o- nis fu- æ If- ra-
el. * Egref- fumque. Gloria.
du 3. E- o. On répete le Répons.

SECOND NOCTURNE.

T. P. Alle-lu-ia.

Ant. 5. F. Tunc des-cen-de-

runt mul-ti quærentes ju-sti-ti-

am in de-ser-tum & re lique runt

quæcumque ha-be-bant in ci-vi-

ta-te. Om-nes qui fu-gi-e-bant

à ma-lis ad-di-ti sunt ad e-

os, & ip-se fu-it il-lis pa-

G iij

Ant. 3. a.   Di-xe- runt fi-

tamus co-ram te augu- ſtus eſt

lo-cum ad ha-bi-tan-dum qui di-

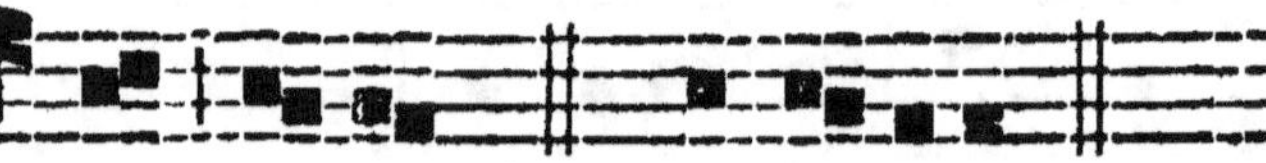

℣. Pingueſcent prætioſa deſerti
℟. Et exultatione colles accingentur.

Quatrieme Répons du 7.

G iv

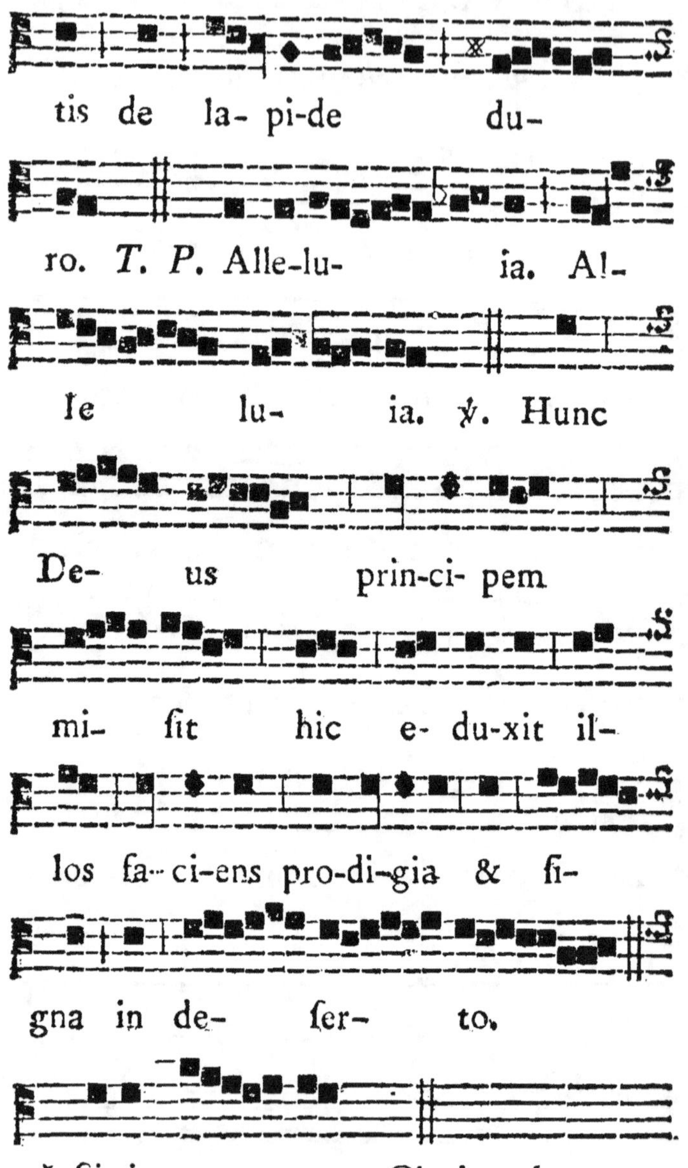
tis de la- pi-de du-
ro. T. P. Alle-lu- ia. Al-
le lu- ia. ℣. Hunc
De- us prin-ci- pem
mi- sit hic e- du-xit il-
los fa-ci-ens pro-di-gia & signa in de- ser- to.
✷ Si-ti- e- runt. Gloria. du 7.

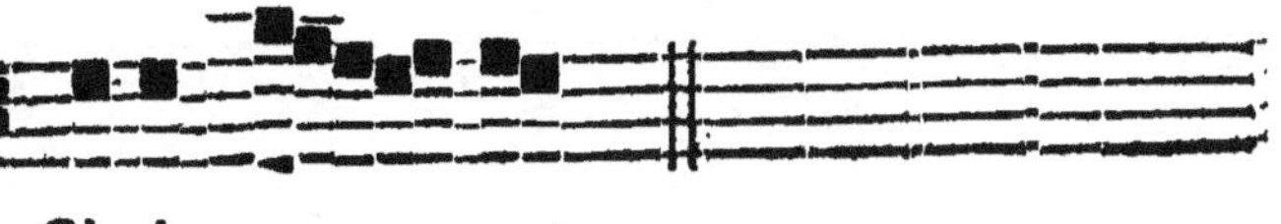

Cinquieme Répons du 4.

G

jus di ri-ge-bat. T. P. Al-le-
lu- ia, Al- le-
lu- ia. ℣. Conftitu- it eum Do-
mi- nus præ po- fitum
fuper omnem do-mum fu-
am: hic eft qui in foli-tu-
di-ne ac-ce-pit ver-ba vi-
æ da- re. * Do-

mi-nus. Gloria. *du 4.* Do-mi-nus.

Sixieme Répons du 5.

DI-le- ctus De- o   &

ho-mi- ni-bus cujus me-mo- ri-

a in be- ne-dic- ti- o-   ne

eſt. * Magni- fi-ca- vit   e-um

Do- minus in timo- re i-ni-mi-

co-rum, & in ver-bis ſu- is

monftra planeta- vit glori- fica- vit
il-lum in confpec-tu Re-
gum. T. P. Al-lelu- ia, Al-
le lu ia. ℣. Fu- it
gra-tus De- o, & e-rat po-
tens in ver-bis & in o-pe-ri-
bus fu- is. * Magni- fi-ca-
vit. Glo-ri-a Pa-tri, & Fi- li-

o, & Spi- ri- tu i fanc-

to. * Ma-gni- fi- ca- vit.

TROISIEME NOCTURNE.

Ant. 4. D. Di- xit Rex com-

mu- ta ha- bitum ne co- gnoſ-ca-

ris & vade u-bi eſt prophe-

ta : ip-ſe in-di- ca-bit ti- bi

quid e-ven-tu-rum ſit ; conſurgenſ-

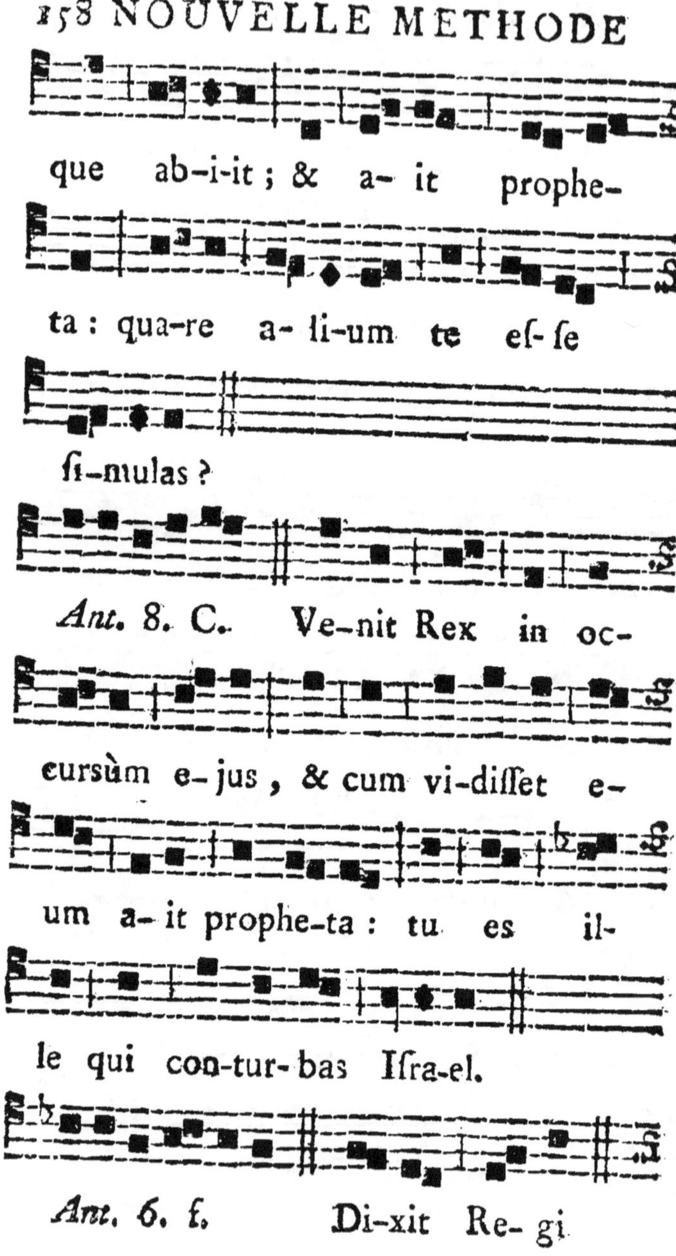
que ab-i-it ; & a- it prophe-
ta : qua-re a- li-um te ef- fe
fi-mulas ?
Ant. 8. C. Ve-nit Rex in oc-
cursùm e- jus , & cum vi-diffet e-
um a- it prophe-ta : tu es ille qui con-tur-bas Ifra-el.
Ant. 6. f. Di-xit Re- gi

℣. Mortuus eft Rex juxta fermonem.

Septieme Répons du 2.

Huitieme Répons du 5.

quam. Homo De- i mi- fit il -luc

na-ta-   vit-que fer- rum.

℣. A-it Je- fus   qui-cumque non

hæ- fi-ta-verit in corde fu- o,

fed cre- di- de-rit ,   qui-a quod-

cumque di· xerit fi-at, fi-et

e-   i.   *   Ac- ci- dit.

Glori- a Pa- tri ,   & Fi- li-o ,

Neuvieme Répons du 6.

pli-ca-bit & auge- bit incre-men-
ta fru- gum. ℣. Manum fu-
am a-peru- it i-no-pi,
& fac-tus eft qua-fi na- vis
infti-to- ris de lon-gè por-
tans pa- nem. * Qui
pa-nem. Glo- ri- a Pa-
tri, & Fi- li-o, & Spi-

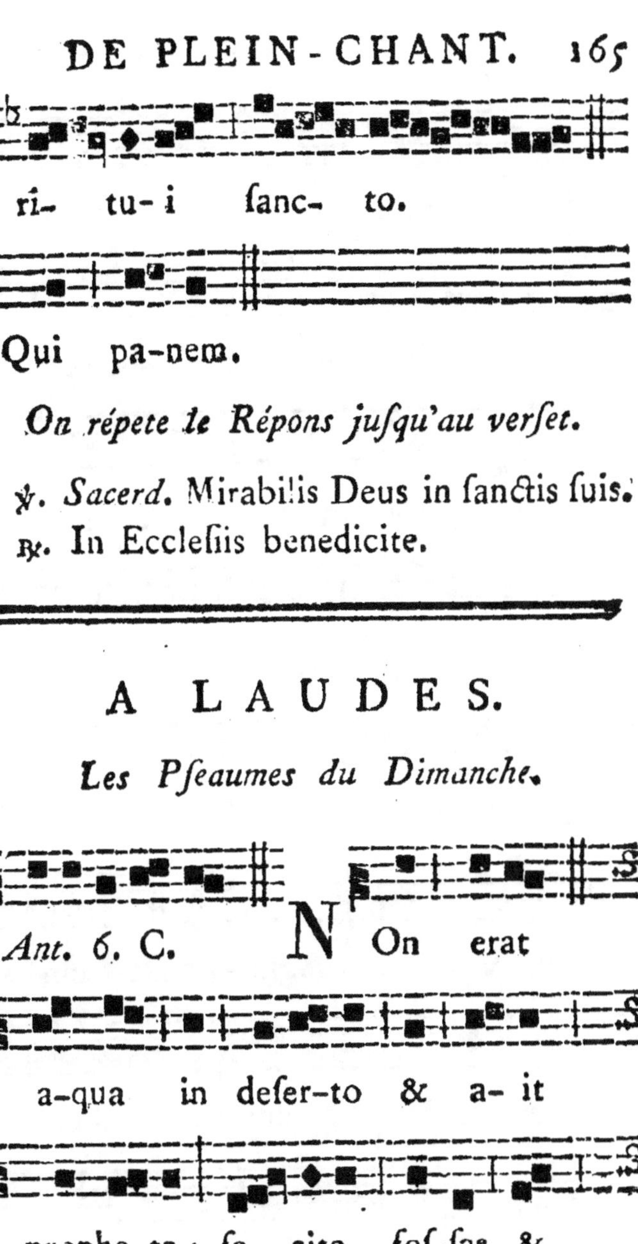

On répete le Répons jusqu'au verset.

℣. *Sacerd.* Mirabilis Deus in fanctis fuis.
℟. In Ecclefiis benedicite.

A LAUDES.

Les Pfeaumes du Dimanche.

fof- fas : non vi-de-bi-tis ventum
ne-que plu- vi-am, & bi-be- tis
vos. Et ecce ma-ne re-ple- ta
eft ter- ra a- quis.
T. P. Alle- lu- ia.
Ant. 7. a. Agno-vit e- um
Do-minus in be-nedi-cti- o-nibus
fu- is de-dit il-li hære- di- ta-

tem & con-ferva-vit il- li ho-mi-
nes mife- ri- cordi- a inve-ni-en-
tes gra- ti-am in o-cu-lis omnis carnis. T. P. Alle- lu- ia.
Ant. 4. E. De-dit il- li
De- us le-gem vi-tæ & dif- ci-
pli-næ, & coro-na-vit e- um
in va- fis vir-tu- tis. T. P.

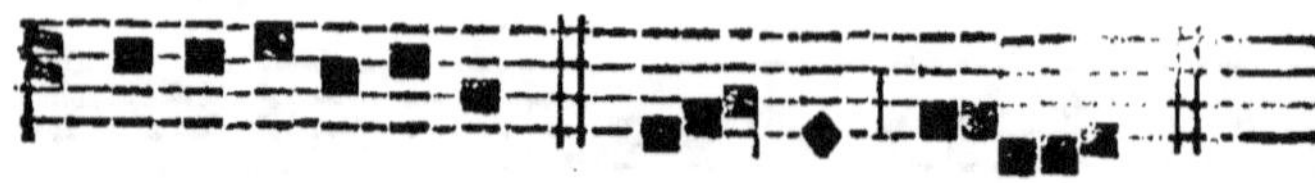

Cantique.

Quasi ſol refulgens * ſic ille effulſit in templo Dei.

Quaſi areus refulgens inter nebulas gloriæ * & quas flos roſarum in diebus vernis.

Et quaſi lilia quæ ſunt in tranſitu aquæ * & quaſi thus redolens in diebus æſtatis.

Quaſi ignis refulgens * & thus ardens in igne.

Quaſi vas auri ſolidum * ornatum omni lapide pretioſo.

Et circa illum corona fratrum * quaſi plantatio cedri in monte.

Gloria Patri, & Filio, & Spiritui ſancto. Sicut erat, &c.

Facta

Fac- ta eſt e- i mul- ta
glo- ri-æ : cumque ſumpſiſ- ſet
cor e-jus au-da- ci-am propter
vi- as Do-mi-ni, e- ti- am ex-
cel-ſa lu-coſque ſuc-ci- dit.
T. P. Alle-lu-ia.
Ant. 2. D. Oſten-dit futu-ra
& abſcon-di-ta an-tequam e-

H

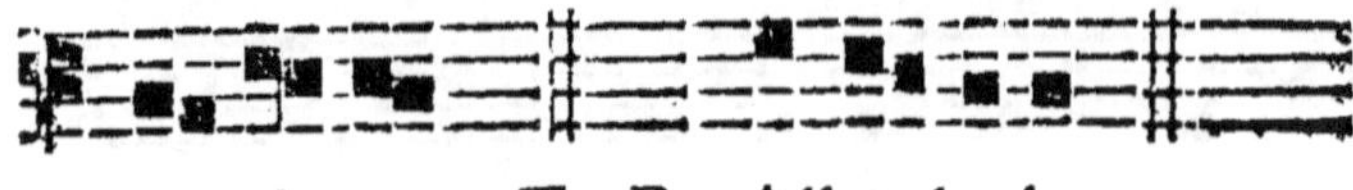

H y m n e *du 6.*

Hic novos ritus, nova templa ponis,
Hic tuæ prolis pater alme cunæ :
Quæ maris vaſti numero carentes,
  Vincit arenas.

Regulam cœlo priùs approbante,
Scribis ; hæc vitæ modus eſt beatæ,
Tota mens patris viget hic paterna,
  Juxta ſequamur.

Te probant mundo manifesta signa,
Te jubes parent elementa voci,
Avolat maurus solidofque supra
    Ambulant amnes.

Rupe de durâ modo profluentes,
Elicis rivos, loca ficca ftagnant
Juffa mors primæ rediviva luci,
    Corpora reddit.

Quæ manu larga tribuis gementi,
Pauperi pauper, novus Elifæus,
In Deo fidens oleum farinam,
    Protinus auges.

Regio mendax gothus apparatu,
Se canit Regem fimulantis artes,
Detegis, diro metuenda pandis,
    Fata tyranno.

Noftra te fummum celebrent parentem
Ora, te fummo genitum parente,
Par fit amborum tibi laus per omne,
    Spiritus ævum.   Amen.

℣. Memento te mirabilium Dei quæ fecit.
℟. Prodigia ejus & judicia oris ejus.

H ij

A BENEDICTUS.

A PRIMES.

L'Antienne Non erat, *& le Répons bref.*

Chrifte Fili Dei vivi, * miferere nobis.
℣. Qui venifti , * peccatores falvos fa-
cere , * miferere nobis.
Gloria Patri, & Filio, & Spiritui fanĉto,

On répete le ℞. *jufqu'au* ℣.

℣. Exurge, Domine, adjuva nos ;
℞. Et redime nos propter nomen tuum.

Au temps Pafchal on ajoute l'Alleluia *à
tous les Répons brefs.*

A TIERCE.

L'Antienne Agnovit, *& le Répons bref.*

Juftus * ut palma florebit. Juftus. ℣. Si-
cut cedrus Libani * multiplicabitu.
Gloria Patri, &c. Juftus.

H iij

℣. Plantati in domo Domini.

℟. In atriis domus Dei nostri florebunt.

A LA PROCESSION.

conſti- tu-e- runt ci-vi-ta- tem ha-
bi-ta- ti-o- nis. * Et be-ne-di-
xit e- is Do- mi-nus & mul-
ti- pli-ca- ti ſunt ni- mis.
+ Vi-debunt rec- ti & læ-ta-
bun- tur. T. P. Al-le- lu- ia,
Alle- lu- ia. ℣. Fi-
de de-moratus eſt in

† Vi-debunt.

℣. Conftituit eum Dominus dominum domus fuæ.

℟. Et audit populum fuum vehementer.

A LA MESSE.

INTROÏT *du 3.*

H v

monſtrabo ti- bi ; fa- ciamque

te in gen- tem ma- gnam ;

& tranſgre- di-um ad mon- tem ,

tetendit i-bi ta berna- culum ſu-

um. Al le-lu- ia. Al-le-

lu- ia. *Pſ.* Magnus Do- mi-

nus & lauda-bi-lis ni- mis ;

in ci- vita te De- i noſtri, in

monte sancto ejus. Glo-
ri a.   S.   A.
On repete l'Introït Dixit.
GRADUEL du I.
C Onforta- ba- tur spi-
ritu, & e-rat in de- ser- tis
us- que in di-em osten- si- o-
nis fu- æ Is- ra-ël.
℣. Qui- a contrà il- lum steto-

H vj

runt a- li- e- ni, & prop- ter

in vi- di- am circumde- de- runt

il - lum ho- mi- nes in

de- fer- to, ad- di- dit il- li,

Do- mi- nus glo- ri- am; &

de- dit il- li hære-

di- ta- tem.

T R A I T *du* 2.

P Er-du- xit e- os Do- mi-
nus tanquam gre- gem in
de- fer- to, & dedu- xit
e- os in fpe. In- du- xit
e- os in mon- tem
quem acqui- fi-vit dex- te-ra
e- jus. Ele- git mon- tem

quem di- le- xit, & æ- di- fi- ca- vit
fancti- fi- ci- um in ter- râ quam
funda- vit in fæ- cu- la.
Et e-le- git fer-vum fu- um
& fuftu-lit e- um paf- cere
hære- di ta tem fu- am.
Et pa- vit e-
os in in-no-centi- â.

*Au temps Paſchal, au lieu du Graduel &
du Trait, on dit ce qui ſuit :*

L'Alleluia *du* 1.

Spi- ritu, & e- rat in
de- fer-tis uf- que ad di-
em often-ti- o- nis fu-
æ If- ra-
ël.
Du 5 Ton.
Al- le- lu- ia. Al-
le- lu- ia.

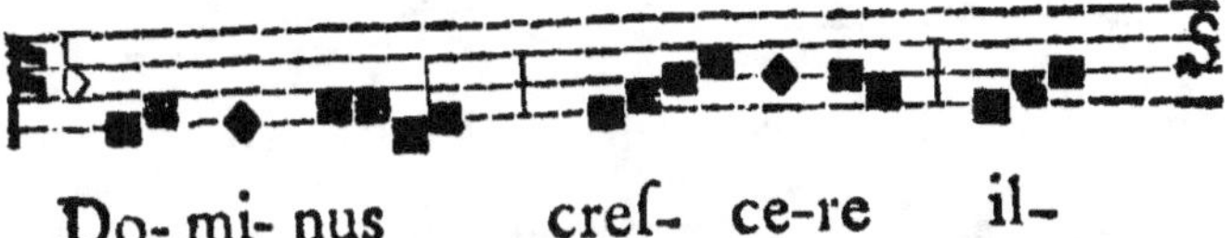

jus.

On répete l'Alleluia jusqu'à la Neume.

PROSE *du* 5.

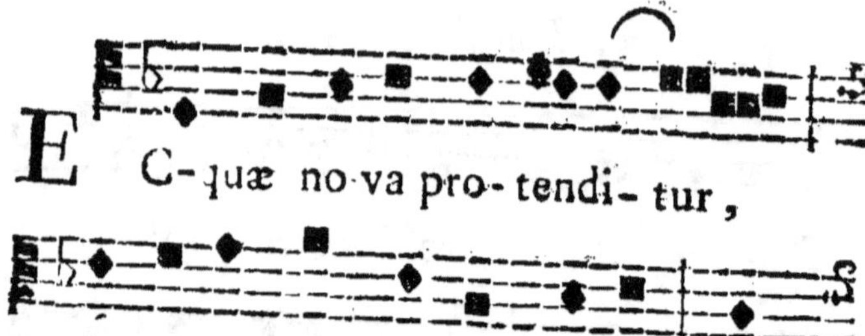
EC-quæ no va pro-tendi- tur,

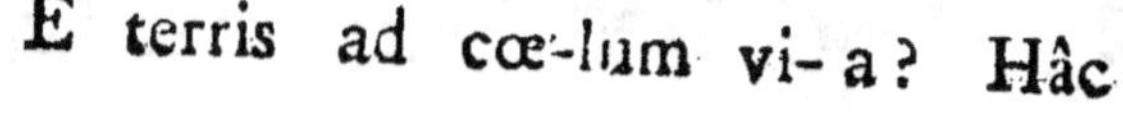
E terris ad cœ-lum vi- a ? Hâc

Be-ne dictus gra- di tur Post longa

vi-ctor præ-li- a. Cui mors orna-

tam re- serat, Et lu-ce cla râ splen-

di- dam ; Vi-am dum vi-xit, i-ve-

rat Ni-gris in fil-vis ri-gidam
Ad limen li-tat ftadi- i   Rerum a-
morem omni-um : Pars ipfum facri-
fi-ci-i Eft lit-terarum ftu di-um.
Una placet fci-enti- a,   Quæ
Chri-ftum dat ac-qui-rere; Hanc
propter, perdit om-ni-a, Et re-

putat pro-pul-vere.   Spelunca

clauſus a-vi-a, I- gno-tus & mor-

ta- li-bus ; Jam neſ-ci- ens morta-

li-a , Eſt totus in cœle-ſti-bus.

Si quando mole ter-re- â   Infelix

ho- mo pre-mitur ; Carne vic-trix

ſan- guine- â. Mens plenâ   pace

fru-itur. Sed jam refulta plaufibus
Et flore qua-fi li-li-um, Tot ha-
bita-tum ci-vibus, Defertum o-lim
invi-um, Heu ! plaufum mif-ce
ge-mitu : non om-ni-um eft vin-
cere, Cœpere quidam Spiri-tu,
Quos carne fles de fi-nere. Non

est hîc quidquam me-di-i, Quo
li-ce-at con-fi-ftere; fugant ma-
giftrum impi- i; Vel audent u-nâ
curre- re. Quot candi-dati glo-
ri- æ, Sub hoc duce dant præ-
li-a! Om-nes gnari mi-li- ti-æ;
Sed eft dul-cis vi-cto-ri-a. Hanc

ordi-natam cer-ni-te, De-i caf-

trorum a-ci-em; Delubra va-na, ru-

i-te: Plebs, folve cordis gla-

ci em. Dum in fe pa-cis a-vi-dis,

De-o domum æ-di-fi-cant, Sa-lutis

fratrum cu-pidi, Sub fi-gno du-cis

di-micant. Mo- res docen-tis lo-

qui-tur, Quam il- le scrip-sit re-gu-
la : In hâc totus confpi-ci- tur ;
In hâc vi-vit per fæcu-la. Hanc Chrifte pro-fiten-tibus, Da retrò
non ref-pi-cere ; Da po-pulis mi-
ranti-bus, Jam nil in mundo fa-
pe-re, A- men.

OFFERTOIRE

OFFERTOIRE *du* 8

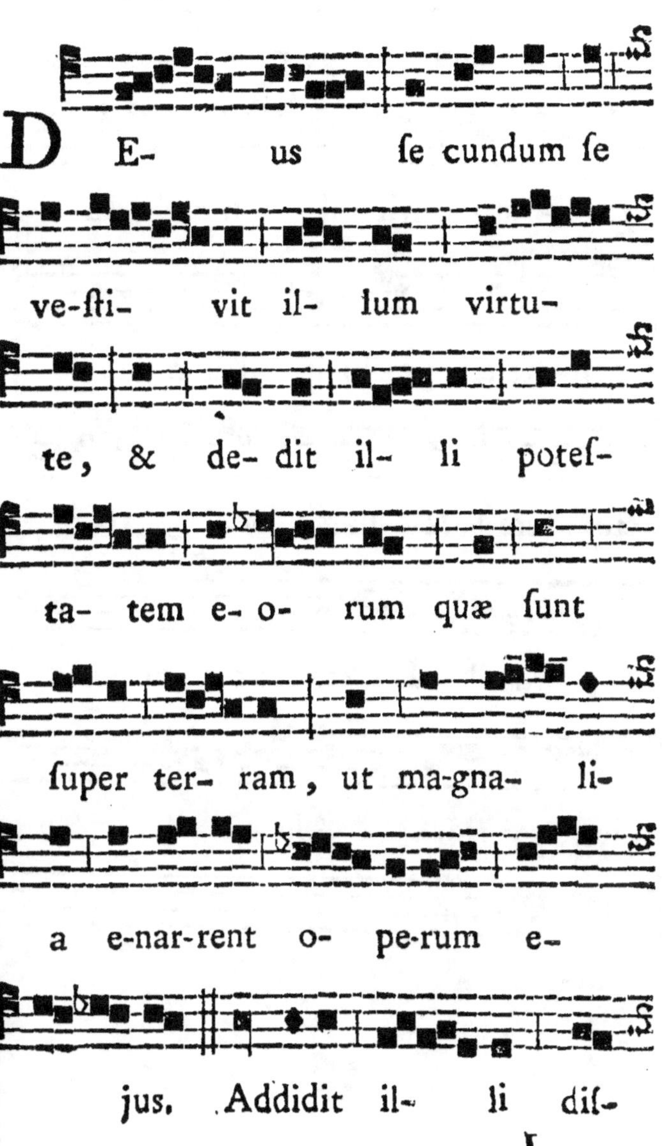

I

ci- pli- nam, & le-gem vi-tæ hæ-

re-di- ta- vit il- lum. In

gen- tem po-su-it il-lum re-

cto- rem; & pars De- i, If-

ra-ël fa-cta ut ma-ni-

fe- sta. Alle-

lu-ia.

COMMUNION *du 5.*

A SEXTE.

L'Antienne Dedit illi, *& le Répons bref.*

Legem ſtatuit ei Dominus * in viâ quam
elegit. Alleluia. All. *Au temps Paſchal,*
Legem. ℣. Semen ejus hæreditabit terram.
* In viâ. Gloria. Legem ſtatuit.

℣. Hereditas eorum in æternum erit.
℞. Non confundentur in tempore malo.

A NONE.

L'Antienne Oftendit , *& le Répons bref.*

Pofuit Dominus * in fervo fuo quem elegit. *T. P.* Alleluia , Pofuit. ℣. Verba figno-
rum fuorum , & prodigiorum. Allel. Gloria.
Pofuit.

℣. Reges terræ , videntes fic , admirati
funt & conturbati funt.

℞. Tremor apprehendit eos.

AUX II. VÊPRES.

Les Pfeaumes , 1. Lætatus fum. 2. In
convertendo. 3. Memento. 4. Ecce quam
bonum. 5. Voce mea.

Ant. du 6. f.

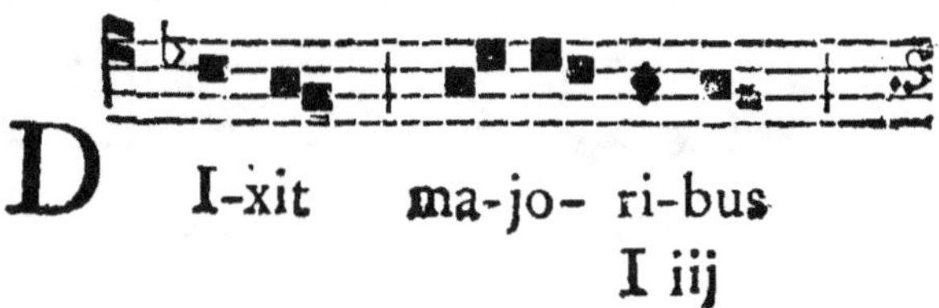

I iij

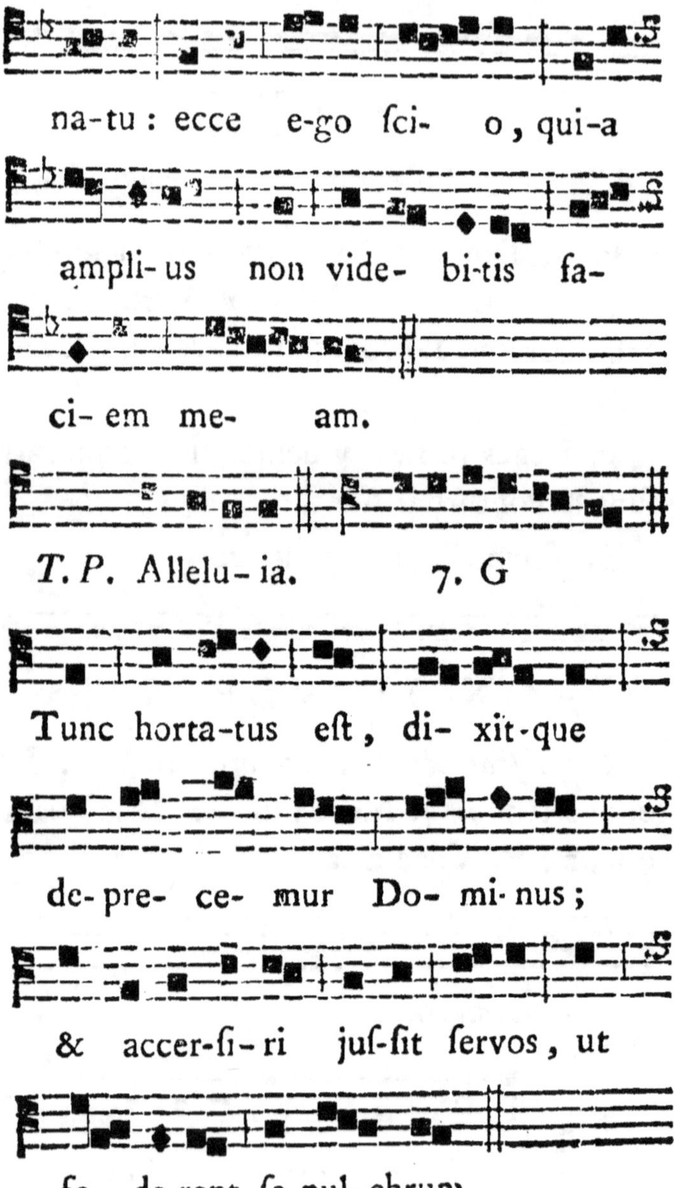
na-tu : ecce e-go fci- o , qui-a
ampli- us non vide- bi-tis fa-
ci- em me- am.
T. P. Allelu- ia. 7. G
Tunc horta-tus eft, di- xit-que
de-pre- ce- mur Do- mi- nus ;
& accer-fi- ri juf-fit fervos, ut
fo- de-rent fe-pul-chrum.

T. P. Alle-lu-ia. 8. G.

In ho- râ mor-tis fu- æ di-

xit fi- li- is fu- is, audi- te,

fi- li-i me- i, patrem ve-

ftrum : fervi- te Do- mi-no in ve-

ri-ta- te, & fi- li- is ve- ftris

man-da- te ut fa- ci- ant ju-fti-

ti- as, & be-ne-dicant De- um

I iv

in om-ni tempore.
T. P. Alle-lu-ia 2. D.
Afcen-dit tem-plum, & omnes
cum e- o; & fidus per cuf- fis
co- ram Do- mi-no, ut cufto-di-
rent præ-cepta e- jus & fuf-
ci- ta-rent ver-ba fœde-ris e-
jus, quæ fcri pta e- rant.

T. P. Alle- lu-ia. 5. C.
Ora-vit cum om-ni-bus il- lis:
ma-gnus au-tem fle-tus fac- tus
eft om- ni-um ; & procumbentes
fu-per col-lum e- jus, of-culaban-
tur e- um , do-len-tes ma-
ximè , quo- ni-am am-pli-ùs
fa- ci-em e- jus non ef-fent

HYMNE *du* 1.

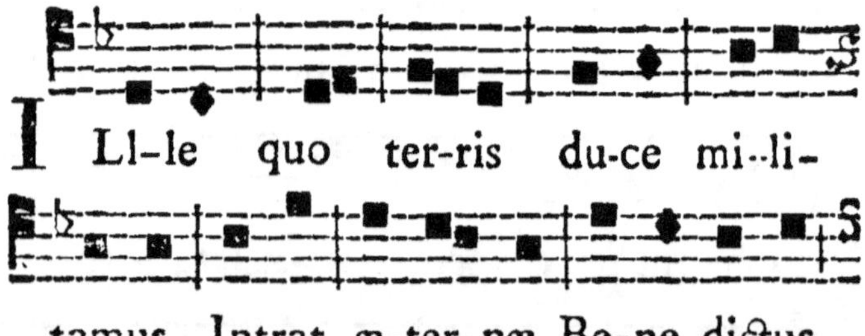

Præcius mortis propè jam futuræ,
Ut novas vires, animofque fumat,
Pafcitur Chrifto, folidaque fortis
    Fervet ab efcâ.

Quem fibi juffit, tumulus paratur
Hîc meum, dicit, fepelite corpus :
Mox fuis cum mens' refoluta vinclis
    Vivet olympo.

Flebat aftantum pia turba fratrum ;
Ille gaudebat properare Cœlo :
Visâ quâ tranfit, radiare longè
    Semitâ lucis.

Quâ viâ celfas tibi pandis arces,
Fac tuos illa, Pater, ire fervos
Et tua tandem prece, nos beatis
    Cœtibus adde.

Noftra te fummum celebrent parentem
Ora, te fummo genitum parente ;
Par fit amborum tibi laus per omne,
    Spiritus ævum.   Amen.

℣. Anima mea Domino vivet.
℞. Et femen meum ferviet ipfi.

A Magnificat, du 1. D.

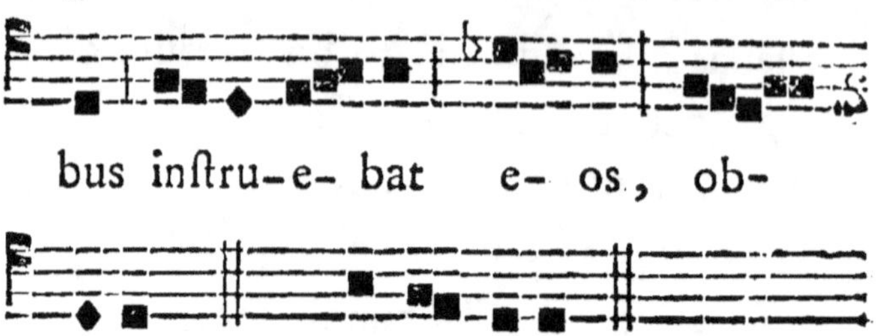

bus inſtru-e- bat e- os., ob-

bi- it. *T. P.* Al-le- lu-ia.

A C O M P L I E S.

Pſeaumes du Dimanche.

7. D.   Defunctus ſe- pul-

tus eſt à fi- li- is ſu- is &

planxerunt e-um omnis Iſ- ra-ël

planc-tu ma- gno. *T. P.* Alle-lu-ia.

A Nunc dimittis.

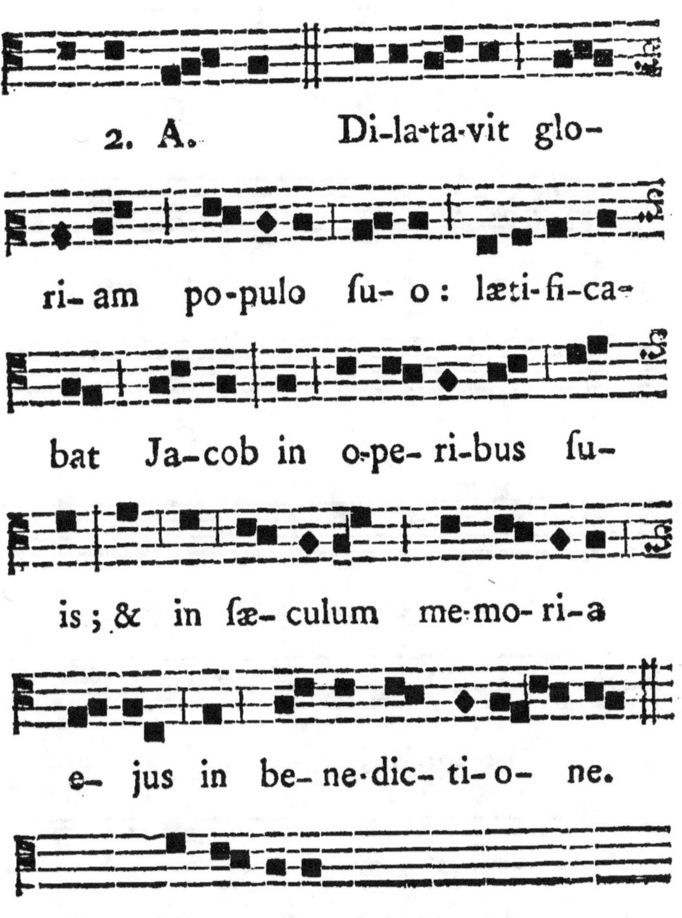

T, P. Al-le- luia.

AU SALUT.

RÉPONS du 5.

ceret in ter- râ. Al-le-

lu- ia, Al-le- lu- ia. ℣. Mo-

res pa-trum fu-fti- nu- it in

de-fer-to, cum autem ad-mi-

ni-ftraf-fet vo-lunta-ti De- i

dormi- vit. * Et non.

Glo- ri- a Pa-tri, & Fi- li-

o, & Spi- ri- tu- i

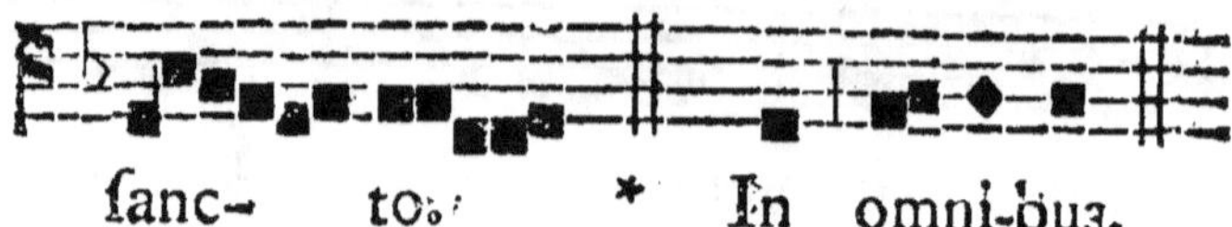

℣. Potens in terrâ erit femen ejus.
℞. Generatio rectorum benedicetur.

A Magnificat.

Le jour de la Translation de Saint Benoît, comme au jour de la Fête, excepté ce qui suit :

AU SALUT.

Répons du 5.

De- o mi-ra- bi- lis De- us
in fanc-tis fu- is. ℣. Tranf-
tu-lit il- lum Do- mi-nus in
ter-ram if-tam in quâ nunc vos
ha-bi-ta- tis. * Re gna. Glo-
ri-a Pa- tri, & Fi- li-o,
& Spi- ri- tu- i fanc- to.
☦ Re-gna ter- ræ.

℣. Offa ipfius vifitata funt.

℞. Et poft mortem prophetaverunt.

A Magnificat, *Ant.*

CHAPITRE III.

HYMNE *du* 5.

HYMNE *du* 6.

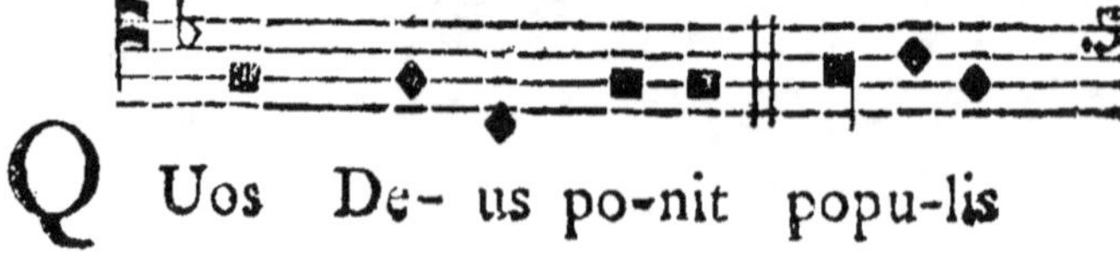

re-gendis, Præ-sules format pri-ùs
atque sin-git, Ne parunt ca-sti
ve-neranda tractent Sa-cra mi-nistri.

H Y M N E *du* 2.

T Er-ris jam satis est alme pa-
ter da-tum; Quo di-vi-nus amor te
ra-pit evo-la : Duro par-ta la-
bores cœlo præ-mi-a te vo-cant.

H Y M N E *du* 1.

Q

H Y M N E *du* 8.

S

HYMNE du 4.

HYMNE du 7.

De-us advo-cat Et lu-men fi-
de-i men-ti-bus in-fe-rens, Robur
cor-di-bus al-mum in-fun- dit
per a- poſtolos.

CHAPITRE

B.
O
- Sa- lu-ta- ris ho- sti- a:
T.
O sa-lu-ta- ris Ho- sti- a:
D.
O sa- lu-ta- ris ho sti- a:
B.
Quæ Cœ-li pan- dis of- ti-um,
T.
Quæ cœ- li pan-dis o-sti- um,
D.
Quæ cœ- li pan dis o- sti- um,
B.
Bella pre- munt Bella pre-munt
T.
Bella pre- munt Bella pre-munt
D.
Bella pre- munt Bella premunt

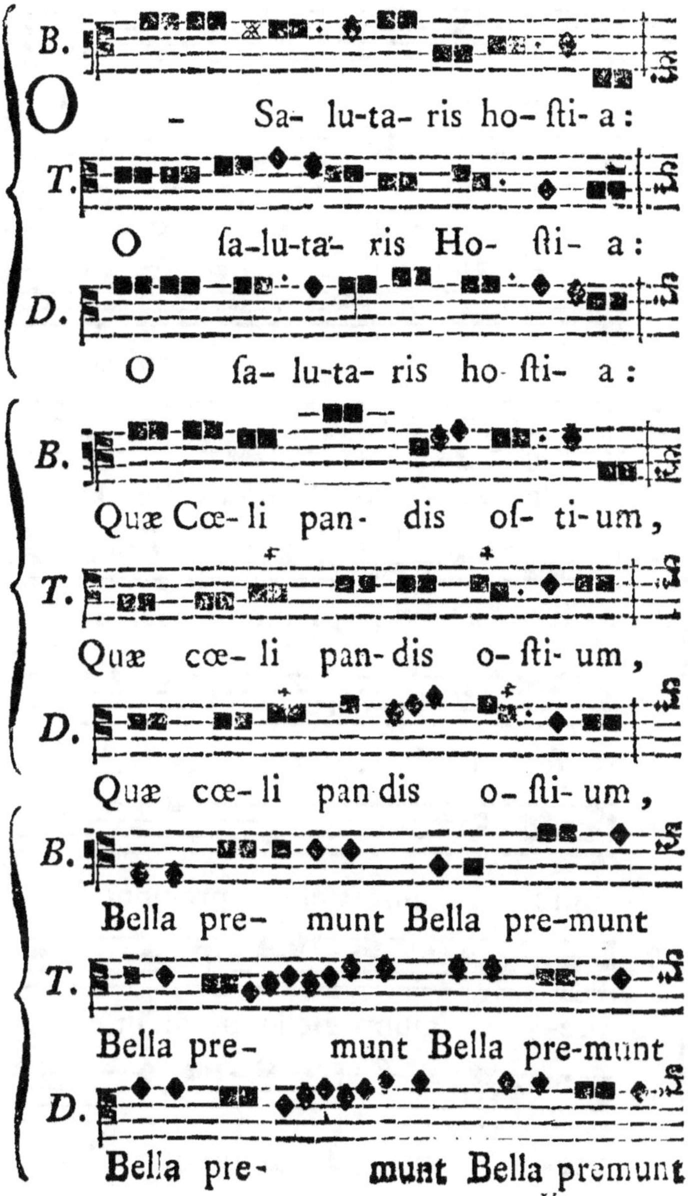

K

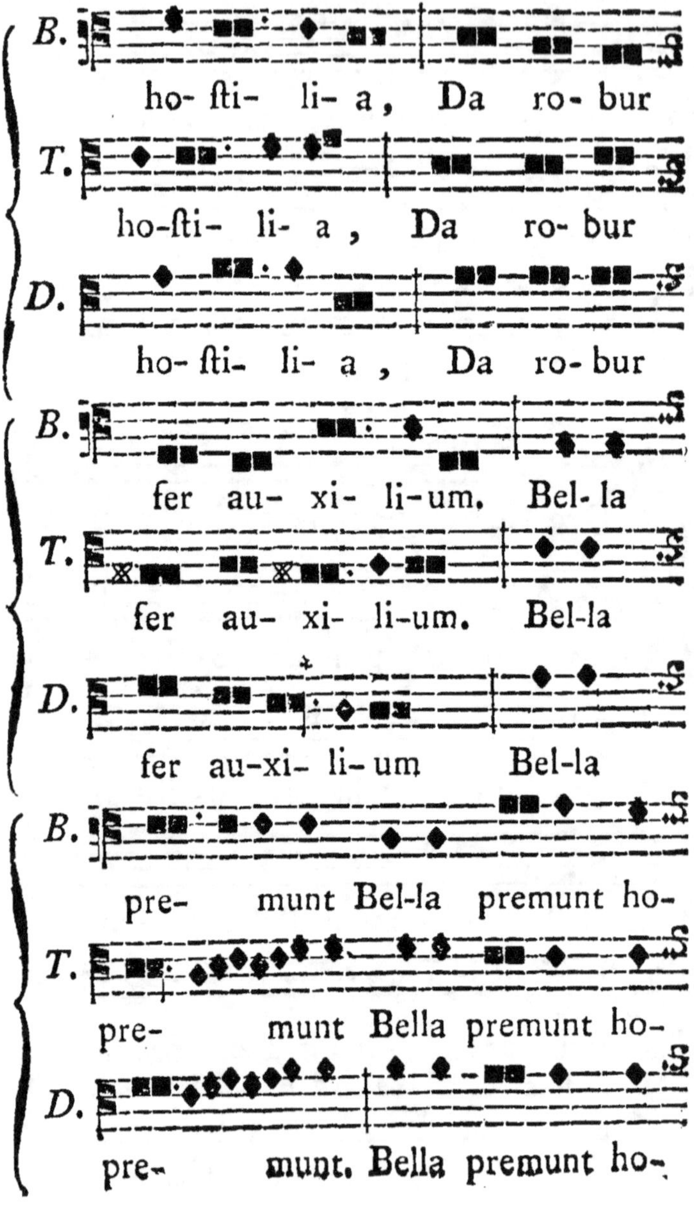

B.
ho- sti- li- a, Da ro- bur
T.
ho-sti- li- a, Da ro- bur
D.
ho- sti- li- a , Da ro- bur
B.
fer au- xi- li- um. Bel- la
T.
fer au- xi- li-um. Bel-la
D.
fer au-xi- li- um Bel-la
B.
pre- munt Bel-la premunt ho-
T.
pre- munt Bella premunt ho-
D.
pre- munt. Bella premunt ho-

B.
fti- li-a Da ro- bur fer
T.
fti- li- a , Da ro- bur fer
D.
fti- li- a , Da ro- bur fer
B.
au- xi- li_um.
T.
au- xi- li-um.
D
au- xi_ li- um.

T.
D I- es iræ di- es il-la cru-
T.
cis expan- dens ve-xil- la Sol-
T.
vet se-clum in favil- la.
D.
Quantus tre-mor est fu- turus
D.
Quan-do ju-dex est ven- tu-rus
D.
Cuncta stric- te discuf- furus.
T.
Quantus tremor est futurus Quan-
T.
do ju-dex est venturus Cunc- ta
T,
stric-te dif-cuffurus.

Di-es i-ræ di-es il-la Cru-

cis ex-pan-dens vexil-la Sol-

vet fe-clum in fa-vil-la.

Quantus tremor eft futurus Quan-

do ju-dex eft ven-turus Cuncta

ftric-te dif-cuffurus.

Quantus tremor eft fu-turus Quan-

do judex eft venturus Cuncta

ftric-te dif-cuf-furus.

K iij

Tu-ba mi-rum spar-gens so-
num Per sepul-cra re-gi-onum
Co-get om-nes ante thro-num.
Mors stu-pe-bit & natu-ra Cum
resurget cre-a-tura Ju-di-can-ti
respon-su-ra.
Mors stu-pe-bit & natura Cum
resur-get cre-atura Judi-can-ti
responsura.

R.
Tuba mi- rum ſpar-gens ſo-num
R.
Per ſe- pulcra re-gi-o-num Co-
R.
get om- nes an-te thronum.
H.
Mors ſtupe-bit & natura
H.
Cum reſur-get cre- a-tura Ju-di-
H.
can-ti reſ-ponſura.
B.
Mors ſtupe-bit & natura Cum
B.
reſurget cre- atu- ra Ju-dicanti
B.
reſ- pón-ſu-ra.

K iv

R.
Liber   fcri-ptus   pro- fere-tur
R.
In   quo   totum con-ti-ne-   tur
R.
Unde mun- dus ju-di-ce-   tur.
D.
Ju—dex er-go cum fe-de— bit
D.
Quid— quid   latet   ap-pare- bit
D.
Nil   inul-tum rema— ne-bit.
T.
Ju-dex er-go   cum   fe-de-bit
T.
Quid- quid   latet   ap-pare-bit
T.
Nil   i-nultum re-mane-bit.

R. Li-ber scriptus pro-fe-re-tur
R. In quo totum conti-ne- tur
R. Unde mun-dus ju-di-ce- tur
H. Ju-dex er-go cum fe-de-bit
H. Quid-quid latet ap-pa-re-bit
H. Nil i-nultum re-ma-ne-bit.
B. Judex er-go cum fe-de-bit
B. Quid-quid latet ap-pa- re-bit
B. Nil i-nultum re-ma- ne-bit   K v

Les autres Strophes fe chantent fur les quatre chants précédens.

Les autres ſtrophes ſe chantent ſur les quatre chants précédens.

K vj

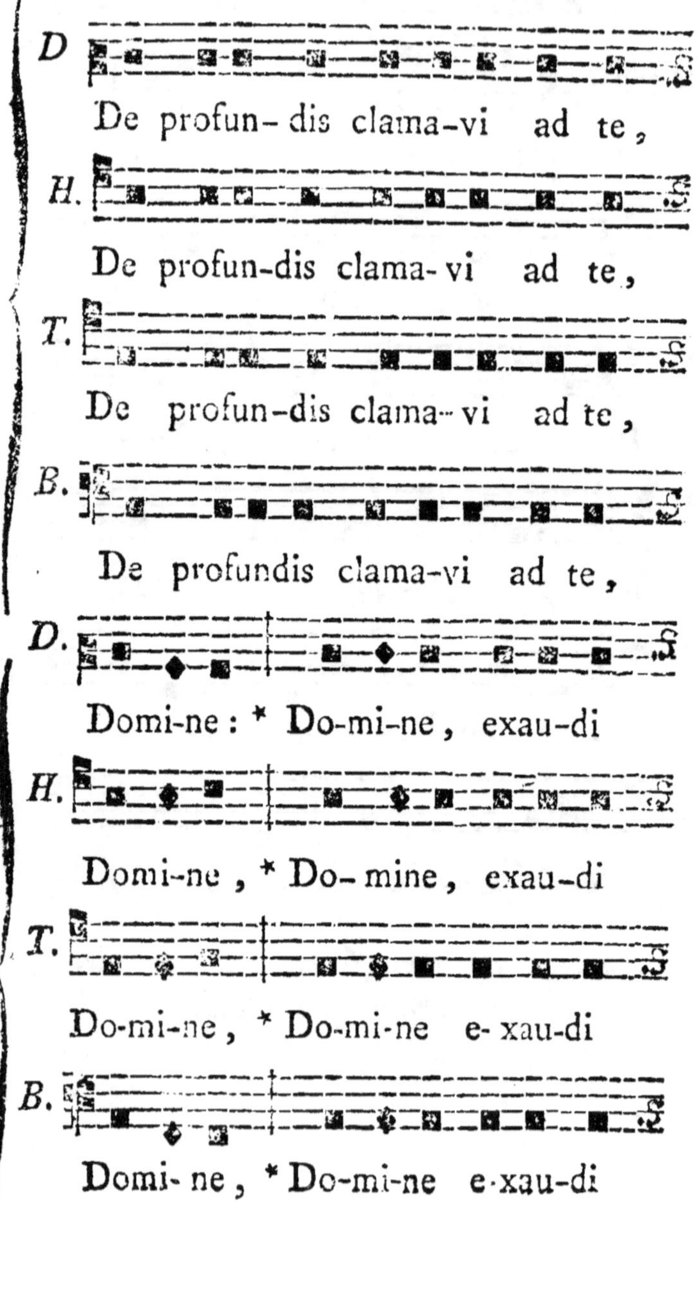

D

De profun-dis clama-vi ad te,

H.

De profun-dis clama-vi ad te,

T.

De profun-dis clama--vi ad te,

B.

De profundis clama-vi ad te,

D.

Domi-ne : * Do-mi-ne, exau-di

H.

Domi-ne , * Do-mine, exau-di

T.

Do-mi-ne , * Do-mi-ne e- xau-di

B.

Domi- ne , * Do-mi-ne e-xau-di

D.
vo-cem me-am.
H.
vo-cem me-am.
T.
vo-cem me-am.
B.
vocem me-am.
D.
Fi-ant aures tu-æ in-tendentes *
H.
Fi-ant aures tuæ in-tendentes *
T.
Fi-ant aures tu-æ intenden-tes *
B.
Fi-ant aures tu-æ intendentes *

D.

In vocem de-preca-ti-onis me-æ.

T.

In vocem depre-ca-ti-o-nis me-æ.

H.

In vocem de-preca-ti- onis me-æ.

B.

In vocem de-pre-cati- onis me-æ.

D.

Amen.

H.

Amen.

T.

Amen.

B.

'Amen.

Les autres verſets ſe chantent alternativement ſur les deux chants.

Impoſitions des Pſeaumes & Cantiques de tous les Tons, Fauxbourdons & Neumes.

Premier Ton.

in De-o falu-tari me-o.

J

Di-xit Do-mi-nus Do-mino me-o *

fe-de à dextris me-is.

B

Donec ponam i-ni-mi-cos tu-os *

fcabellum pedum tu- o-rum.

D

D e u o u a e. d. e u o u a e.

f. e u o u a e. G. e u o u a e.

g. e u o u a e. a. e u o u a e.

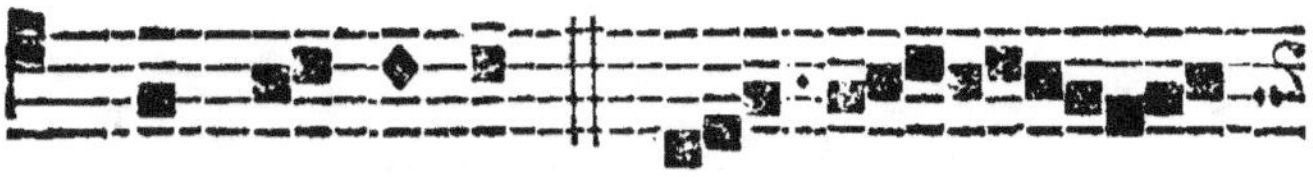

Ma-gni- ficat. Neumes.

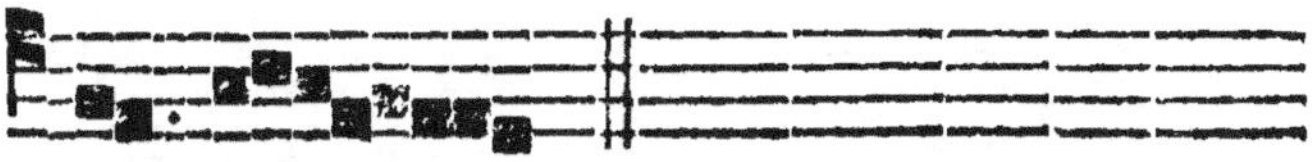

Second Ton.

A

Laudate pu- eri Do-minum, *

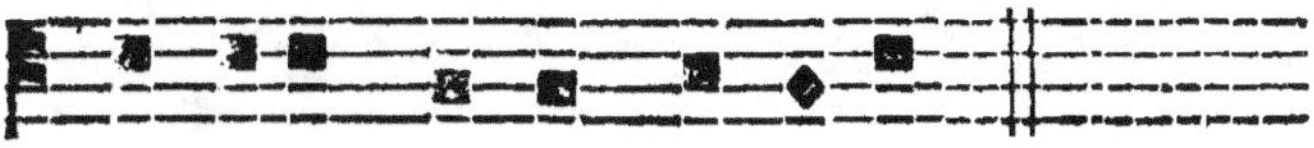

lauda-te nomen Do-mi-ni.

B 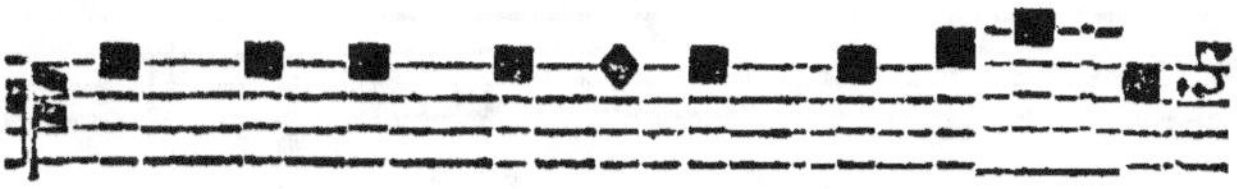

Sit nomen Do-mi ni be- ne- dic-

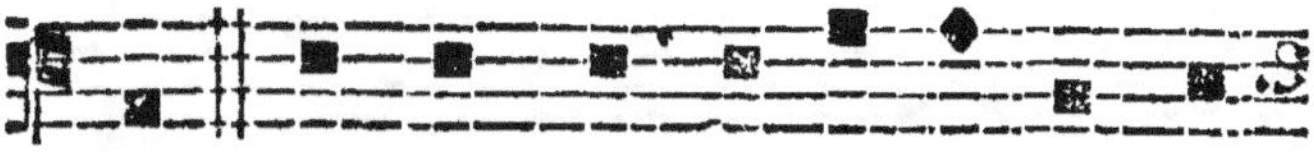

tum * ex hoc nunc & uſque in ſe-

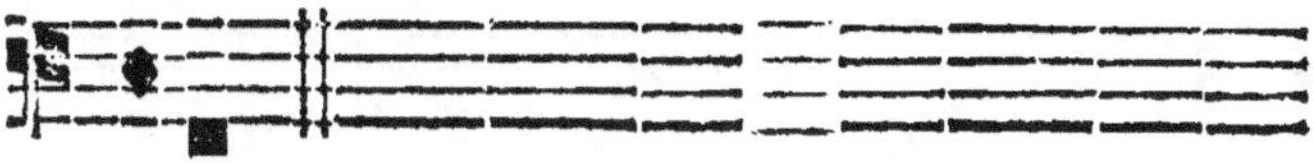

culum.

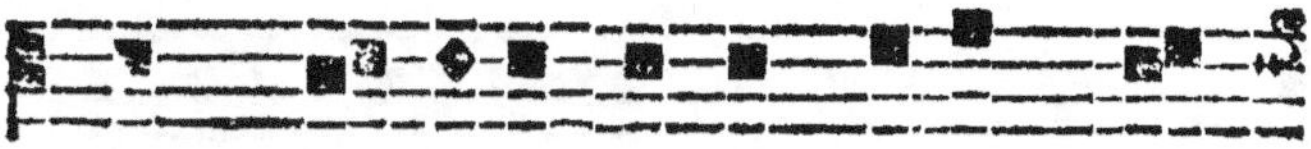

Nunc di- mittis ſervum tu-um Do-

mine. * e u o u a e.

Di-xit Do-minus Do-mi-no

me-o, * fe-de à dextris me-is.

Donec ponam ini-micos tu-os *

fcabellum pedum tu-o-rum.

Nunc di- mit-tis fervum tu- um

Do-mi-ne. e u o u a e.

Magni- ficat. Neumes. D.

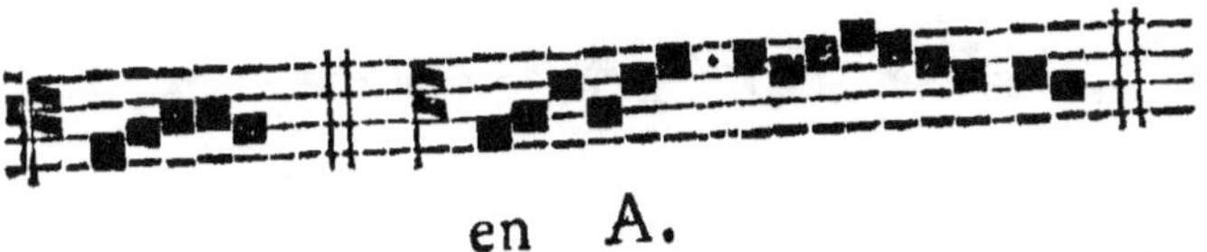

en A.

Troiſieme Ton.

Quatrieme Ton.

scabellum pedum tu- o-rum.

D. e u o u a e. f. e u o u a e.

a. e u o u a e. d. e u o u a e,

C. e u o u a e. B. e u o u a e.

Be-ne- di-ctus Do-mi-nus De- us

If-ra-el. Ma- gni- fi-cat.

E. Neumes.

A.

Cinquieme Ton.

Neumes.

Sixieme Ton.

F
Di-xit Do-mi-nus Domino meo, *
fe-de à dextris me-is.
B
Donec ponam i-ni-micos tu-os *
fcabellum pedum tu-orum.
C
Di-xit Do-minus Domi-no me-o, *
fede à dextris me-is.
B
Donec ponam i-ni-mi-cos tu-os *

ſca-bellum pedum tu-o-rum.

Di- xit Do-minus Do-mi-no me-o *

ſede à dextris me- is.

f. e u o u a e. C. e u o u a e.

c. e u o u a e. Be- ne- dic-tus

Do-mi-nus De-us Iſ-ra-ël.

Ma-gni- fi-cat.

Be-ne-di-ctus Do-mi-nus De- us
Iſraël,

Septieme Ton.

ſcabellum   pedum tu-orum.

d. euouae.   euouae.

C. euouae. b. euouae.

a. euouae. G. euouae.

Ma-gni- fi-cat.   Neumes.

Huitieme Ton.

G Di-xit Do-minus Do-mi-no me-o, *

fede à dex·tris me-is.

B

Do-nec ponam i·ni-mi-cos tu-os *

fcabel·lum   pedum tu-orum.

Bene-di-ctus Do-minus De-us Il-

ra-el * Ma-gni- ficat.

G. e u o u a e. g. e u o u a e.

c. e u o u a e. d. e u o u a e.

Neumes.

A LA PRÉFACE.

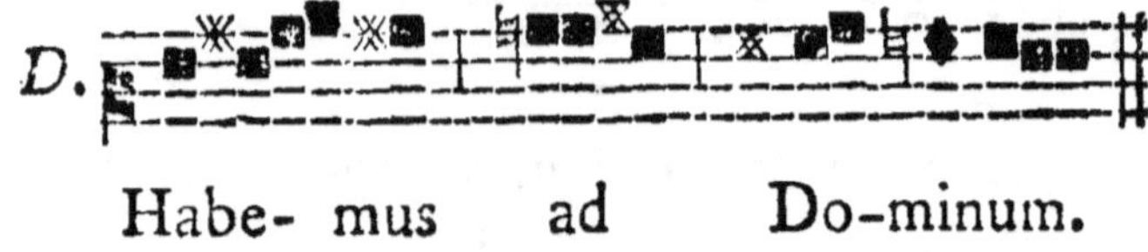

H.

B.

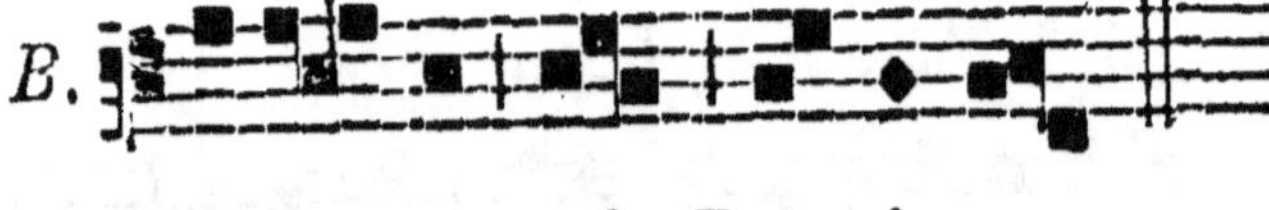

Kyrie *pour les Fétes Annuelles.*

L iij

Kyrie , &c,
Pange lingua , &c.

Verbum, &c.

L iv

Sacris , &c.

Ave verum , &c.

Vere , &c.

Cujus latus , &c.

Esto nobis , &c.

O Jesu , &c.

EXEMPLE

*Pour apprendre à chanter les Leçons
de Matines, Epîtres & Evangiles.*

IL y a dans les Leçons, dans les Epîtres
& dans les Evangiles, fix chofes à obferver; favoir: 1°. le point feul. 2°. les deux
points: 3°. le point interrogant? 4°. le
monofyllabe devant le point; 5°. quel-

ques noms indéclinables ; 6°. la conclufion.

Maniere de chanter les Leçons.

La Bénédiction.

Jube Domine. Be-ne-di-cere.

Le point feul.

De I-fa-ï-a. Prophe- ta. Do-mi-nus.

Les deux points :·

Et a-it Do-mi-nus : Non eft hic.

Le point interrogant ?

I-ta ju-di-ces ? Ubi eft ?

Le monofyllabe.   Nom indéclinable.

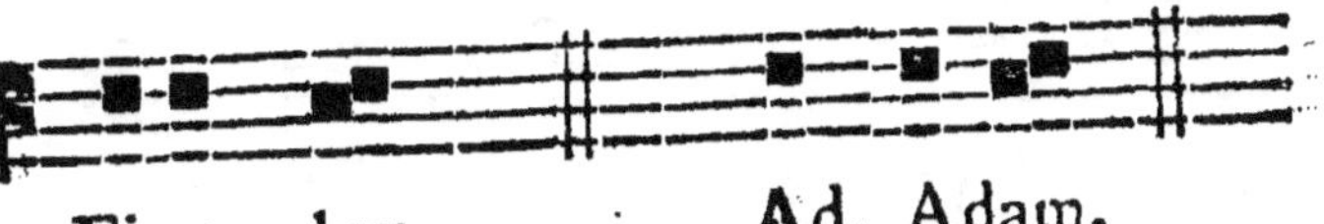

Fi-at lux.   Ad Adam.

Conclufion.

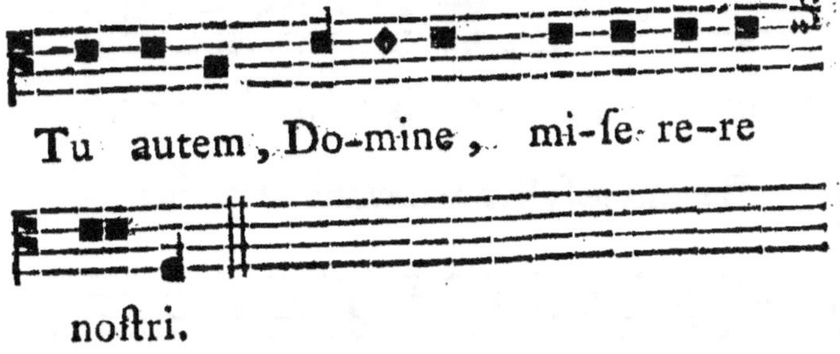

Tu autem, Do-mine, mi-fe-re-re

noftri.

MANIERE DE CHANTER L'ÉPITRE.

Lecti-o E-piftolæ be-a-ti Pauli

Apofto-li ad Ro-ma-nos.

Le point feul.

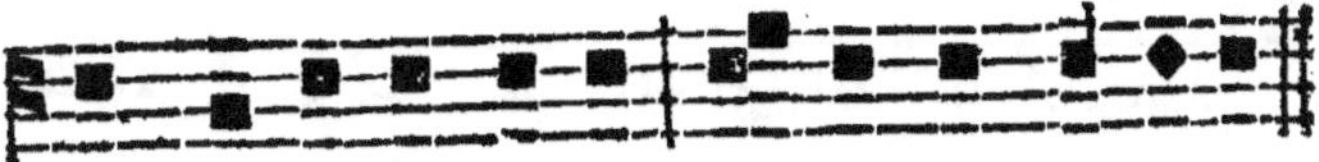

In di-e-bus il-lis. Fe-cit & fe-cula.

Les deux points :

Non eſt inventus ſi-mi-lis il – li :

Le point interrogant ?

Quid   dicam   vo-bis ? Laudo   vos.

Le monoſyllabe devant le point.

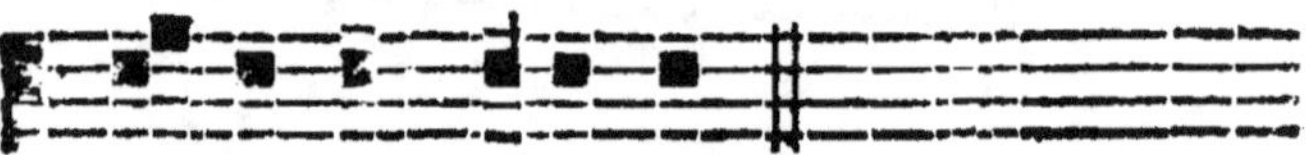

Noſtra ex De-o eſt.

Les noms indéclinables & le mot *Jeſus*, doivent ſe faire avec inflection.

Abraham.   Ad Je-ſum.

Concluſion.

Licenſum dignum in   o-do- rem

Maniere de chanter l'Evangile.

Le point ſeul.

Les deux points :

Le point interrogant?

Nom indéclinable.   Les monofyllabes.

Conclufion.

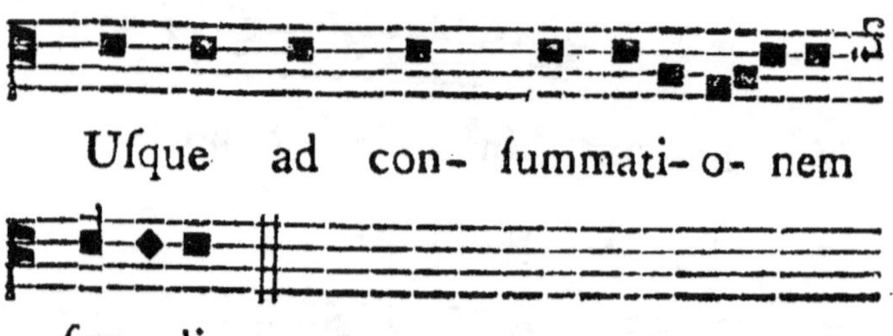

PRÉLUDE & Accompagnement du Credo de Dumont pour le Serpent.

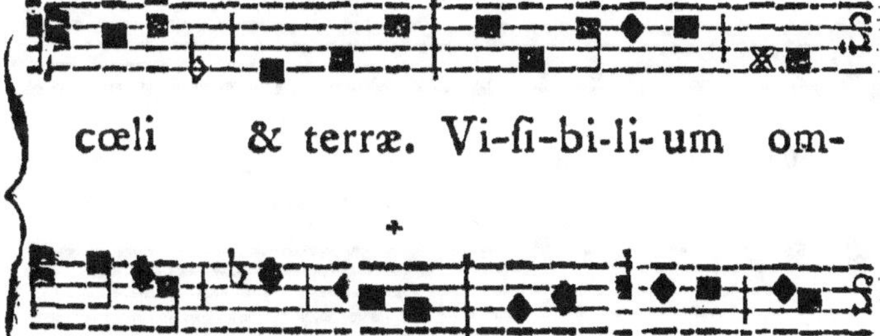

- ni-um & in-vi- fi-bi-li-um.
ni-um & in-vi- fi-bi- li-um.
Et ex Patre natum an-te om-
Et ex Pa- tre na- tum ante om-
ni-a fæ-cu·la.
ni-a fæ cu-la.

Ge-nitum non factum con-substan-ti-

Ge-nitum non factum con-substanti-

a-lem Patri, per quem omni-a

alem Pa-tri, per quem omni-a

facta sunt.

fac-ta sunt.

Et in-car-na-tus eſt de Spi-ritu

Et incarna-tus eſt de Spi-ri-tu

ſan-cto, Ex Ma-ri-â Vir-gi-ne;

ſan-cto, ex Mari- â Vir-gi-ne;

ET HO-MO FACTUS EST.

ET HO-MO FACTUS EST.

Et resur-re-xit ter-ti-â di- e se-
Et resurre-xit terti-â di- e se-
cun-dum Scri-ptu- ras.
cundum Scri- ptu-ras.
Et iterum ven-turus est cum glo-
Et iterum ven-turus est cum glo-

ri-â ju-di-care vi-vos & mor-
ri-â ju-di-ca-re vivos & mor-
tu-os; cujus re-gni non e-rit fi-nis.
tu-os; cujus re-gni non erit fi-nis.
Qui cum Patre & Fi-li-o fi-
Qui cum Pa-tre & Fi-li-o fi-

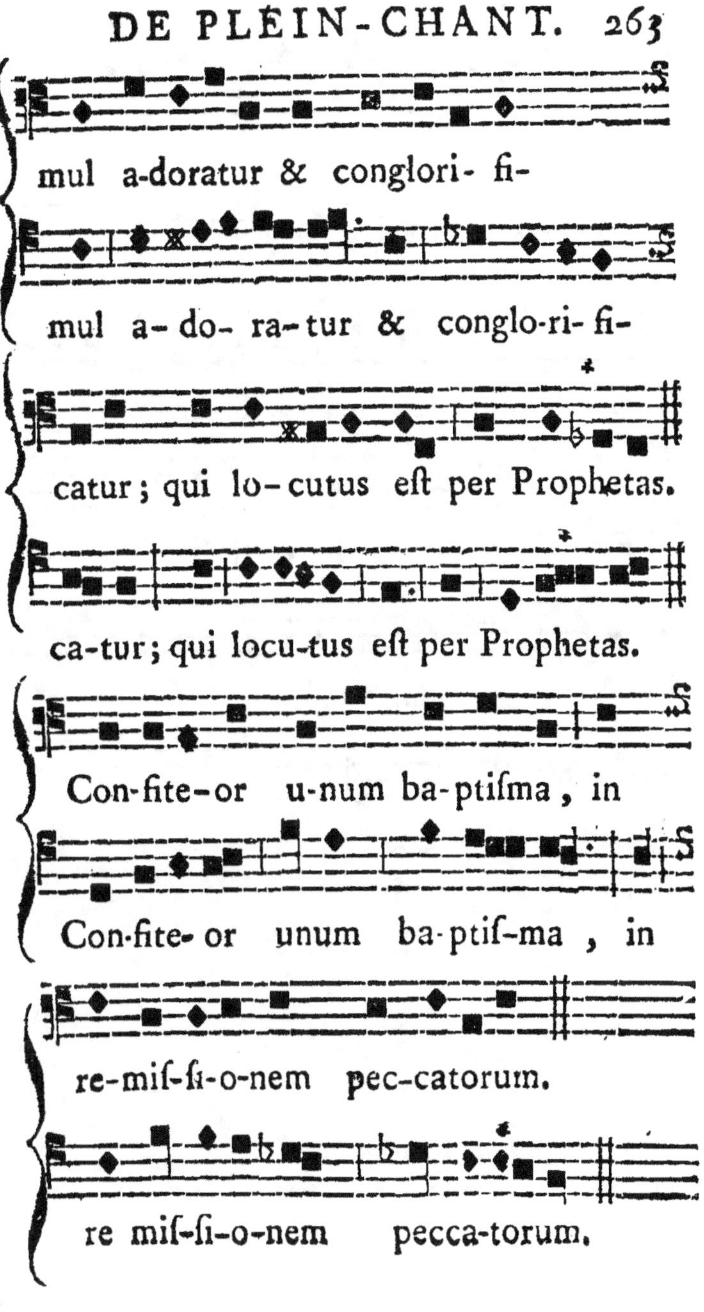
mul a-doratur & conglori- fi-
mul a- do- ra-tur & conglo-ri- fi-
catur; qui lo-cutus est per Prophetas.
ca-tur; qui locu-tus est per Prophetas.
Con-fite-or u-num ba-ptisma, in
Con-fite- or unum ba-ptis-ma , in
re-mis-si-o-nem pec-catorum.
re mis-si-o-nem pecca-torum.

F I N.

TABLE

Des Pieces contenues dans cette Méthode.

LIVRE PREMIER.

Avertissement de l'Auteur, Pag. iij

CHAPITRE PREMIER.

*Comment s'apprend le Plein-Chant, & par où
il faut commencer à l'étudier,*   1

CHAPITRE II.

*Du nombre, des figures & différentes positions
des Clefs du Plein-Chant,*   6

CHAPITRE III.

*Du nombre & différentes figures & especes
des notes,*   9

CHAPITRE IV.

*Des ligatures ou liaisons, demi-notes,
breves, &c.*   13

M

CHAPITRE V.

Des Tons & demi-Tons,   23

CHAPITRE VI.

Des six intervalles du Plein-Chant, & principalement de la Tierce majeure & mineure,   27

CHAPITRE VII.

Des Tons des Pseaumes, & des Pieces de Chant, Introïtes, &c.   33

Des différens systémes.

CHAPITRE VIII.

De la Gamme; de Tierces, Quartes, &c. 39

CHAPITRE IX.

Exemple premier de Chant sur les huit Tons,   42

Second Exemple de Bémol, Dieze, Béquarre, demi-Notes, liaisons & cadences,   44

Troisieme Exemple pour solfier sans clef, 47

LIVRE SECOND,

Contenant la partie du Serpent.

CHAPITRE PREMIER.

Tableau pour connoître le doiter du Serpent, Tons & demi-Tons, &c. 53

CHAPITRE II.

Exemples de transpositions différentes sur les Clefs naturelles, 56

Messe propre pour la Fête de S. Severin, 62

Messe propre pour la Fête de S. Sulpice, 76

Messe propre pour la Fête de S. Côme & S. Damien, 93

Messe propre pour la Fête de S. Hilaire, 104

Messe propre pour la Fête de Saint Hippolyte, 117

Office propre pour la Fête de S. Benoît, 127

CHAPITRE III.

Différentes Hymnes, 212

268   T A B L E.

Plusieurs Pieces en parties, comme : O Salutaris *en* Trio,   217

Prose des Morts en quatre parties, avec le Récit en Duo, pour l'accompagnement du Serpent,   220

Le De profundis *en quatre parties,*   228

Impositions des Pseaumes & Cantiques de tous les Tons, Fauxbourdons & Neumes, 231

*L'*Habemus *en quatre parties,*   244

Le Kirie, Pange lingua, Verbum, Sacris, Ave verum, *&c. avec variations,*   246

Exemple pour apprendre à chanter les Leçons, Epîtres & Evangiles, &c.   251

Le Credo *en deux parties,*   257

Fin de la Table.